Rudolf Walter

Laß dir Zeit

HERDER / SPEKTRUM

Band 5006

Das Buch

Zeit ist Geld. Wer schnell ist, hat Vorteile. Deshalb tun wir immer mehr immer schneller. Aber machen wir auch das Richtige? Wo bleibt die gewonnene Zeit – für uns selber? Wer zu schnell ist, den straft das Leben. Denn gutes Leben braucht Zeit. In ausgebrannten Menschen erlischt die Lebensleidenschaft. Die Einsicht wächst: Geschwindigkeit, Effizienz und Geld sind längst nicht alles. Und die Frage bleibt: Wenn sich Lebensqualität nicht durch Geld allein bewerten läßt – woher bekommt unsere, meine Zeit dann ihren Wert, ihre Kostbarkeit? Alles Menschliche braucht auch Zeit, die uns innerlich bereichert und unsere Erfahrungen erweitert: Liebe braucht Zeit und Zärtlichkeit ebenso wie Freundschaft, Kreativität, Trauer und Freude. „Zeitmanagement" und „Zeitplanung" können Raum schaffen, aber sie lösen nicht das tiefere Problem. Es geht darum, ein spirituelles Verhältnis zur eigenen Lebenszeit zu gewinnen, nicht nur nach der Uhr zu leben, sondern den inneren Kompaß neu zu entdecken. Die Autoren dieses Bandes inspirieren dazu: sich dem Diktat der Termine, dem Streß und der Zerstreuung zu widersetzen, sich in der Tiefe zu verankern, Wege zum Erleben des Wesentlichen zu suchen, einen eigenen, ganz persönlichen Rhythmus zu finden. Ihre Erfahrung: Wie wir heute leben, entscheidet über unsere ganze Zukunft. Wer sich einläßt auf die Gegenwart, wer innehält, vor der Stille nicht davonläuft und sich Zeit nimmt, im Alltag aufmerksamer und gelassener zu *sein* – für den beginnt ein neues, abenteuerliches Leben. Nicht irgendwann, sondern jetzt.

Der Herausgeber

Rudolf Walter, Dr. phil., geb. 1946 in Lichtenau/Obb., Cheflektor im Verlag Herder, Herausgeber mehrerer Sammelbände. Bei Herder/Spektrum u. a.: Gelassenwerden (Band 4443), Das Glück liegt auf der Hand (Band 4021), Leben ist mehr. Das Lebenswissen der Religionen und die Frage nach dem Sinn des Lebens (Band 4470). Lebt in Bollschweil bei Freiburg.

Rudolf Walter

Laß dir Zeit

Herder

Freiburg · Basel · Wien

Originalausgabe

INHALT

3. Langsamkeit ist das Geheimnis
Auf der Suche nach der gewonnenen Zeit

4. Unterbrechung ist ein Anfang des Glücks
   Vom Nutzen der nutzlosen Auszeit   83

5. Deinen eigenen Rhythmus finden
Alles hat seine besondere Zeit 107

10. **Meditation kennt keine Zeit**
    Einfach nur sein

11. **Lauf vor dem Tod nicht davon**
    Heute mit dem Leben beginnen

VORWORT

„Man man zou!" sagen Chinesen, wenn sie sich verabschieden: „Geh langsam!" „Hast du´s eilig, so mach einen Umweg", rät ein japanisches Sprichwort: Langsamkeit als Weisheit, als freundlicher Wunsch, ein Ausdruck der Zuwendung, die Beschwörung von etwas Positivem – eine schöne, ein wenig fremde, aber sympathische Vorstellung.

Bei uns herrscht ein anderer Eindruck vor. Wer langsam ist, bleibt zurück, gerät an den Rand, ist in Gefahr, unter die Räder zu kommen. Eindrucksvoll kommt das in dem Chaplin-Film „Moderne Zeiten" zum Ausdruck: Dem kleinen Fabrikarbeiter Charlie, der den ganzen Tag am Fließband steht, geht der Takt der Produktion so in Fleisch und Blut über, daß er der Übermacht der Maschine unterliegt. Er wird selber zur grotesk-komischen Maschine. Produktivität ist alles. Nur der Schnelle hat eine Chance gegen die Konkurrenz. So ist das Gesetz des Marktes. Chaplins Film aus den Anfängen der Automatisierung kritisiert einen Tempo-Sog, der dem Menschen nicht angemessen ist. Er wendet sich gegen die Zeitform des monoton auf Hochleistung getrimmten Maschinentakts, eines permanent stärker beschleunigenden „Immer mehr". Dieses Grundgesetz ist heute keineswegs überholt: Immer höhere Produktivität muß in immer weniger Zeiteinheiten verwirklicht werden. Wenn Zeit Geld ist, verspricht Beschleunigung Profit. Diese Dynamik kennt keine Grenze. Und sie infiziert alle Lebensbereiche.

Über Jahrtausende richteten die Menschen sich nach natürlichen Rhythmen: von hell und dunkel, von Tag und Nacht, nach dem

Kreislauf der Jahreszeiten und dem Stand der Gestirne. Keiner denkt im Ernst mehr daran, zu dieser Lebensweise zurückzukehren. Aber bewußtmachen sollte man es sich: In der Regel beginnt unser Tag schon damit, daß wir vom Alarm einer Maschine aus dem Schlaf gerissen werden und aus dem Bett springen – nicht gestreichelt vom Licht der Sonne, nicht vom erwachenden Gezwitscher der Vögel und nicht mehr vom krähenden Hahn geweckt. Positive Erinnerung an solche Erfahrungen gibt es – und sei es im Urlaub: Wenn die atemlose Terminjagd einmal für ein paar Wochen ausgesetzt ist und wir erleben, daß auch ein anderer, natürlicher Rhythmus existiert. Und jeder kann auch im Alltag auf die Erfahrung stoßen: Zeit ist nicht gleich Zeit. Mancher Tag kann sehr lang sein, ein anderer im Flug vergehen. Es gibt Stunden, die eine Ewigkeit dauern, und Augenblicke, denen man unendliche Ausdehnung wünscht.

Auch wenn es wirklich einer der genialsten Gedanken des Menschen war, die Zeit zu messen: Das, was da gemessen wird, hat sich zusehends geändert. Das Zeitverständnis ist nicht mehr wie früher zyklisch wiederkehrend, kreisförmig. Zeit wird wie die Geschwindigkeit selbst erfahren: vorwärtsgerichtet, unumkehrbar, pfeilschnell. Die Bedeutungsverschiebung des Wortes „Tempo" zeigt den Wandel dieses Zeitmaßes. Noch um 1700 heißt „Tempo": „Zeitmaß einer Bewegung, Gelegenheit". In einem Wörterbuch von 1900 meint das Wort schon: „Geschwindigkeit, Schnelligkeit, Hast". Wer heute vom Tempo unserer Zeit spricht, meint eine Kraft der Beschleunigung, die kein Limit zu kennen scheint.

Auf dem rasanten Weg des Fortschritts ist viel auf der Strecke geblieben. Gemeint sind nicht nur die Verkehrstoten. Tempo kann ein unmerkliches Gift sein. Menschen werden von der im Alltag abverlangten pausenlosen Hektik innerlich „ausgelaugt", „aufgefressen", sind plötzlich „ausgebrannt". Und auf der anderen Seite werden gleichzeitig immer mehr Leute aus dem Arbeitsprozeß „aussortiert", „kommen unter die Räder" der Langeweile, krank vom Streß der unerfüllten Zeit. Die einen haben zu viel, die anderen zu wenig Zeit. An ihrer Seele leiden beide.

Was ist die Zeit für den Menschen? Und vor allem, was ist die Zeiterfahrung, die unserer Seele angemessen wäre?

Es war einmal eine Zeit, und sie liegt für jeden von uns noch nicht lange zurück, in der wir nicht waren. Und in absehbarer Zeit werden wir nicht mehr sein. Wir wissen nichts darüber, wie unsere Zeit vor unserer Zeugung war. Und wir wissen nicht, wie sie nach unserem Tod sein wird. Daß wir nicht wissen, ob und wie unsere Lebenszeit „aufgehoben" ist zwischen diesen Polen unserer Nicht-Zeit, ist beunruhigend. Aber angesichts des eigenen Todes wird die Zeitfrage ganz konkret: Gehen wir richtig um mit diesem begrenzten Gut? Auf dem Sterbebett, so sagt man zu Recht, wird niemand darüber klagen, daß er zu wenig Zeit im Büro verbracht hat. Wenn Zeit für den Menschen Leben ist, wie soll er sie nutzen?

Die Erfahrung, wie sie in Sprichwörtern zum Ausdruck kommt, zeigt ganz unterschiedliche Aspekte: Zeit macht keinen Unterschied zwischen Reich und Arm. Sie kann Rat und Heilung bringen. Aber auch Verfall, Tod und Verlust. Wir können Zeit gewinnen und verlieren, sparen und vergeuden, wir können sie vertreiben und vertun. Zeit kann verrinnen, zerfließen, stillstehen oder reifen. Wir können sie verfehlen. Sie schleicht und verfliegt, verrinnt und läuft ab, eilt, entgleitet. Zeit, so sagen diese Sprichwörter, hat etwas Doppelgesichtiges.

Kluge Menschen haben immer über diese Doppeldeutigkeit nachgedacht, gestaunt und gerätselt. Damit haben sie immer auch über sich selbst, die eigene Lebenszeit und über den Sinn dieser Zeit gerätselt. Denn Zeit – das ist nicht nur das, was man physikalisch

als Ereignisabfolge berechnen und messen kann, ein Vorstellungs-
muster oder eine Anschauungsweise, mit der wir unsere Erfahrungen begreifen und ordnen. Menschliche Zeit hat eine besondere
Qualität.

„Denkt an das fünfte Gebot – schlagt eure Zeit nicht tot", so hat
Erich Kästner, etwas spöttisch, moralisiert. Und der etwas melan-
cholischer gestimmte Realist Stanislaw Jercy Lec hat den Spieß um-
gedreht: „Die Uhr schlägt. Alle." Beides stimmt: Wir sind für jeden
Tag selber verantwortlich und dürfen unserer Lebensaufgabe keine
Gewalt antun, das meint auch Kästner. Wir erleiden die Zeit letztlich passiv und sind in ihrer Gewalt, das sagt Stanislaw Lec.

Auf jeden Fall ist es ernst mit der Zeit: Nur weil das Leben, un-
weigerlich und für jeden, ein Ende finden wird, haben wir, letztlich,
Zeitprobleme. Auch wenn wir immer schneller leben wollen, immer mehr in dieses Leben hineinpacken, werden wir an diesem
Ende nicht daran vorbeikommen, werden wir unserer Zeitgrenze
nicht entfliehen.

Erst 1370 befahl der französische König, daß alle Glocken von Paris
sich nach der Uhr des Königspalasts zu richten hätten, die Stunden
und Viertelstunden schlug. Es gibt Kulturhistoriker, die den Beginn
der Neuzeit und das zeitgleiche Aufkommen bzw. die Verbreitung
der öffentlichen Uhren und der mechanischen Zeitmessung mit der
Pest, dem Massensterben des 14. Jahrhunderts, in eine innere Verbindung bringen. Mit dieser schrecklichen, massenhaften Sterbens-
erfahrung sei auch der früher fraglose Bezug der Lebenszeit auf die
Ewigkeitshoffnung verschwunden. Und es sei kein Zufall, daß gerade damals die Messung der innerweltlichen Zeit aufgekommen
und verbindlich geworden sei. Erst durch die Konzentration auf die
irdischen Dinge und das weltliche Glück – nachdem also die „Got-
tesgabe Zeit" Menschenbesitz wurde – habe sich das Tempo der
Gesellschaften beschleunigt. Wer realisiert hat, daß seine Zeit un-

widerruflich begrenzt ist, der achtet in der Tat auf die Zeit, versucht Stabilität in die Flüchtigkeit einzubauen: Er will sie in Griff zu bekommen – und verfällt ihr noch mehr.

„Der Glaube an ein ewiges Leben verliert sich, der Tod aber nimmt kein Ende" (Jankélévitch). Wenn wir zweifeln, ob mit dem Ende des Lebens nicht doch wirklich alles aus ist, dann muß alles noch schneller werden, dann richtet sich aller Hunger, alle Lebensgier auf dieses kurze Stück. Wenn das „Leben als letzte Gelegenheit" (Marianne Gronemeyer) gesehen wird, bleibt nur eins: Man muß die unendlichen Wünsche in die kurze verbleibende Zeit hineinpressen.

Die Jagd nach dem Glück und der Zeit hat also eine alte und eine neue Seite. Die neue Seite ist mit dem Stichwort der Beschleunigung beschrieben, gegen deren Druck sich heute viele einfach schon deswegen wehren, weil sie am eigenen Körper und an der eigenen Seele spüren, daß die ständige, nicht innehaltende Geschwindigkeit nicht unser Maß ist, daß der lärmende Temporausch die Sehnsucht nach einem anderen Glück nicht übertönen kann.

Eigenzeit, Rhythmus, Langsamkeit, Ruhe – das sind die Gegenbegriffe zur Hektik. „Laß dir Zeit", meint: „Laß deiner Seele Zeit". Es bezieht sich auf die immer wieder beschriebene Erfahrung, daß die Flüchtigkeit der Zeit aufgehalten scheint, wo die Uhr nicht mehr zählt, daß Glück nicht mit dem Chronometer zu messen ist. Das ist das ekstatische „Große Glück": die Seelenzeit reiner Gegenwart. Nietzsche hat daneben das „Ticktack des kleinen Glücks" gestellt: Dem wirklich Glücklichen schlägt keine Stunde. Er braucht keine Uhr. Was aber braucht er?

Langsamkeit, so sagen die Philosophen einer neuen Lebenskunst, darf als ein Tempo-Maß in der Vielfalt der Lebensrhythmen, die zur

Menschlichkeit des Lebens gehören, nicht fehlen. Die Musik des Lebens brauche die Pausen, die langsamen Passagen. Wir können zwar nicht mehr zurück in die Zeit der Postkutsche oder gar in ein ausschließlich von den Rhythmen der Natur gesteuertes Leben. Ohne Innehalten ist auf Dauer sicher kein Überleben, aber bereits jetzt keine Lebensqualität möglich.

Wir müssen also dem Sog widerstehen. Wir müssen herauskommen aus der unnatürlichen Anspannung, die uns nicht auf den Leib geschrieben ist. Langsamkeit wird zum Zeichen von innerer Souveränität dessen, der sich nicht hetzen läßt. Stark ist, wer sich nicht von der Dauergeschwindigkeit vereinnahmen läßt und ausschert aus dem alles bestimmenden, immer schneller werdenden Takt. Da wir nicht für die permanente Hochgeschwindigkeit gemacht sind, müssen wir lernen, „daß Leben nur in Maßen möglich ist" (Georg Picht), daß die Unermeßlichkeit aller Möglichkeiten und Ansprüche nicht in ein Menschenleben geht.

Langsamer kann nur werden, wer sein Leben vereinfacht und auf vieles verzichtet, wer auswählen kann unter der Fülle der Möglichkeiten. Die „Non-Stop-Gesellschaft", hat man gesagt, sei regiert von dem Prinzip „Alles zu jeder Zeit und an jedem Ort", um jeden Preis. Gesellschaftlicher Wohlstand scheint tatsächlich anders nicht zu steigern. Aber der Seele des einzelnen ist nicht wohl, wenn es kein Halt, kein Genug mehr gibt.

Wer immer mehr erreichbare Möglichkeiten wahrnehmen wollte, müßte ständig mehr Zeit aufwenden oder immer schneller sein, um möglichst viel mitzunehmen und möglichst wenig auszulassen. Gut leben kann aber nur, wer nicht alles mögliche machen will, sondern sich beschränkt auf das, was Herz und Verstand, Körper und Seele wirklich verarbeiten können. Auf Langsamkeit beharren heißt: die Endlichkeit akzeptieren und das Unendliche entdecken, von der Völlerei nur ablenkt.

Wir brauchen ungenutzte Zeit, die kein Geld und keinen Konsum, aber die Chance der Erfüllung bringt. Glück ist etwas, was man vor allem im Miteinander findet. Miteinander braucht Zeit, es schenkt aber auch Erfahrungen. Nur in unverplanter Zeit kann man überraschende, tiefe Erfahrungen mit anderen machen. Freundschaft und Liebe brauchen genauso Zeit wie Trauer. Weder Liebe noch Trauer kann man nach Terminplan abarbeiten.

In einer verplanten Gesellschaft muß man freilich auch das Unverplante wollen und Freiräume dafür bewußt vorsehen. Wir alle leben in Teilzeiten. Viele müssen mobil sein, weite, zeitaufwendige Wege für ihren Beruf in Kauf nehmen. Zeit für die Familie, für soziale Kontakte, für Freunde wird für viele immer knapper. Es ist wichtig, diese Räume bewußt zu schaffen, sich die Zeit für intensive Beziehungen zu reservieren.

Denn solche Beziehungen brauchen Dauer, Zuwendung, Pflege, wenn sie wachsen sollen. Man muß auch mit Menschen Umwege gehen, lernen können, auch Unlustgefühle in einer Beziehung durchzustehen, und die Chance haben, sie möglicherweise auf eine andere Ebene zu heben. All das gehört dazu. Vertrauen baut man nicht im Vorübergehen. Andere zu sehen, wahrzunehmen, was sie brauchen, kostet Zeit. Solches Miteinander kann dann freilich auch haltender Pfeiler sein im reißenden Strom der Zeit.

Die soziale Zappermentalität, die andere nur konsumiert oder bloß Zweckbündnisse eingeht, „damit etwas läuft", die Unfähigkeit, sich auf andere wirklich tief einzulassen – das tut der Seele nicht gut. Was in geschäftlichen und zweckgerichteten Beziehungen vielleicht schnell gehen kann und soll, geht in anderen Zusammenhängen nicht. Sich einzulassen auf den anderen, heißt auch: sich einschwingen auf den anderen, auf verschiedene Zeitbedürfnisse. Das ist anders bei einem zeitvergessenen, spielenden Kind, und wieder anders bei einem verwirrten alten Menschen, der in einem „Ozean von Zeit" lebt. Ein Arbeitsessen hat einen anderen Rhythmus als ein festliches Familienmahl. Wenn von südlichen Hochzeiten die Rede ist, die über mehrere Tage gefeiert werden, spürt man, was uns mit der Zeit verlorenging.

Wir brauchen nicht nur Zeit für andere. Wir brauchen auch Zeit für uns. Wer für die eigenen Gefühle aufmerksam sein will, den eigenen tiefen Ängsten, Hoffnungen und Fragen auf der Spur bleiben möchte, der darf vor sich selbst nicht davonlaufen. Im Alltag sind wir „überbesetzt", oft schon „besessen" von den verschiedensten Ansprüchen. Wir müssen lernen, unsere eigene Gegenwart nicht nur auszuhalten, sondern bewußt in sie einzutauchen. Lernen, nicht vor sich selbst zu flüchten, – dazu ist für viele Meditation ein Weg geworden. Aber was gemeint ist, ist sicher auch anders möglich: aussteigen aus der unaufhörlichen, verdichteten Inanspruchnahme der Zeit durch andere und anderes, den Geist und die Seele freiräumen, sich dem stellen, was sonst nicht wahrgenommen oder zugedeckt wird.

Gibt es die Möglichkeit, Alternativen einzuüben? Das amerikanische Wort vacations für Ferien deutet darauf hin. Vacare heißt „leer sein". In Frei-Zeit steckt nichts anderes: frei geräumte Zeit, ohne Zwecke, ohne Ziel, um nur dazusein, sich einzuüben in die Gegenwart.

Leben ist jetzt, nicht demnächst, auch nicht erst im Urlaub. Die Achtsamkeit auf die Gegenwart kommt der eigenen Seele zugute. Sie gibt einen neuen Stand, Sicherheit. Wie wir heute leben, entscheidet über unsere ganze Zukunft. Wer sich einläßt auf die Gegenwart, wer innehält, vor der Stille nicht davonläuft und sich Zeit nimmt, im Alltag aufmerksamer und gelassener zu *sein* – für den beginnt ein neues, abenteuerliches Leben. Nicht irgendwann, sondern jetzt.

Wie sagen die Chinesen beim Abschied? „Man man zou! – Geh langsam!"

1
WAS ALSO IST DIE ZEIT?
RÄTSEL, STAUNEN, GEDANKEN

Die Zeit fließt weg wie Wasser.
Zeit vernichtet den Körper und erneuert die Hoffnung.
Das Auge der Zeit ist blind.

Sprichwörter

Die Zeit, die ist ein sonderbar Ding.
Wenn man so hinlebt, ist sie rein gar Nichts.
Aber dann auf einmal, da spürt man nichts als sie.
Sie ist um uns herum, sie ist auch in uns drinnen.
In den Gesichtern rieselt sie,
im Spiegel da rieselt sie,
in meinen Schläfen fließt sie.
Und zwischen mir und dir –
da fließt sie wieder. Lautlos, wie eine Sanduhr.

Hugo von Hofmannsthal

Mit wachsender Geschwindigkeit aus großer Höhe fallen –
das ist das Leben.

Lew Tolstoj

Der Mensch kennt seine Zeit nicht

*W*eiter sah ich unter der Sonne:
Nicht die Schnellen gewinnen den Lauf, noch die Helden den Kampf.
So erlangen auch nicht die Weisen das Brot, auch nicht die Einsichtigen den Reichtum, und auch nicht die Wissenden die Gunst.
Vielmehr ereilen die Zeit und das Schicksal sie alle.
Auch vermag ja der Mensch seine Stunde nicht zu erkennen.
Wie die Fische, die im tückischen Netz gefangen werden, und wie die vom Klappnetz gefangenen Vögel, so werden die Menschenkinder gepackt zur Stunde des Unheils, wenn es jählings über sie kommt.

Prediger Salomo

Sturzbach

*U*nser ganzes Dasein ist flüchtig wie Wolken im Herbst;
Geburt und Tod der Wesen erscheinen wie Bewegungen im Tanze.
Ein Leben gleicht dem Blitz am Himmel,
Es rauscht vorbei wie ein Sturzbach den Berg hinab.

Buddha

Voller Hast

*W*ie Schmetterlinge in ein flammend Feuer, in voller Hast zum Untergang eilen; so eilen auch zum Untergang die Menschen in voller Hast hinein in deinen Rachen.

Bhagavadgita

Ich weiß es, und ich weiß es nicht

Was also ist die Zeit?
Wenn mich niemand darüber fragt,
so weiß ich es;
wenn ich es aber jemandem auf seine Frage
erklären möchte,
so weiß ich es nicht.
Das jedoch kann ich zuversichtlich sagen:
Ich weiß, daß es keine vergangene Zeit gäbe,
wenn nichts vorüberginge,
keine zukünftige, wenn nichts da wäre.
Wie sind nun aber jene beiden Zeiten,
Vergangenheit und Zukunft,
da ja doch die Vergangenheit nicht mehr ist,
und die Zukunft noch nicht ist?

Aurelius Augustinus, Bekenntnisse

Ich weiß nicht was

Was ist die Ewigkeit?
Sie ist nicht diß, nicht das,
Nicht Nun, nicht Ichts, nicht Nichts,
Sie ist, ich weiß nicht was.

Angelus Silesius

Verwirrend

*I*ch weiß nicht, was die Zeit ist. Ich weiß nicht, welches ihr wahres Maß ist, falls sie überhaupt eines hat.

Ich weiß, daß die Uhrzeit falsch ist: Sie unterteilt die Zeit räumlich, von außen.

Die gefühlte Zeit, weiß ich, ist ebenfalls falsch: Sie unterteilt nicht die Zeit, sondern unsere Empfindungen von der Zeit.

Die Zeit der Träume ist gleichfalls falsch; in ihnen streifen wir das eine Mal eine verlängerte, das andere Mal eine verkürzte Zeit und, was wir erleben, ist übereilig oder langsam infolge irgendeines Vorgangs beim Verfließen der Zeit, dessen Natur ich nicht kenne.

Zuweilen meine ich, alles sei falsch, und die Zeit sei nur ein Rahmen, um das einzufassen, was ihr fremd ist.

In der Erinnerung an mein vergangenes Leben sind die Zeiten auf sinnlosen Ebenen angeordnet, und ich bin bei einer bestimmten Begebenheit meiner feierlichen fünfzehn Lebensjahre jünger als bei einem anderen Vorkommnis meiner unter Spielzeugen sitzenden Kindheit.

Das Bewußtsein verwirrt sich mir, wenn ich an diese Dinge denke. Ich ahne einen Irrtum in alledem; ich weiß jedoch nicht, auf welcher Seite er steckt. Es ist, als wohnte ich einer Art Zauberkunststück bei, bei dem ich mich, weil es ein solches ist, betrogen fühle, aber dennoch nicht herausbringen kann, worin Technik oder Mechanik des Betruges bestanden haben.

Fernando Pessoa, Das Buch der Unruhe

Ist was und nichts

*I*hr lebet in der Zeit und kennt doch keine Zeit;
So wißt ihr Menschen nicht, von und in was ihr seid.
Dies wißt ihr, daß ihr seid in einer Zeit geboren
Und daß ihr werdet auch in einer Zeit verloren.
Was aber war die Zeit, die euch in sich gebracht?
Und was wird diese sein, die euch zu nichts mehr macht?
Die Zeit ist was und nichts, der Mensch in gleichem Falle;
Doch was dasselbe was und nichts sei, zweifeln alle.
Die Zeit, die stirbt in sich und zeugt sich auch aus sich.
Dies kommt aus mir und dir, von dem bist du und ich.
Der Mensch ist in der Zeit, sie ist in ihm ingleichen;
Doch aber muß der Mensch, wenn sie noch bleibet, weichen.
Die Zeit ist, was ihr seid, und ihr seid, was die Zeit,
Nur daß ihr wen'ger noch, als was die Zeit ist, seid.
Ach daß doch jene Zeit, die ohne Zeit ist, käme
Und uns aus dieser Zeit in ihre Zeiten nähme,
Und aus uns selbsten uns, daß wir gleich könnten sein
Wie der jetzt jener Zeit, die keine Zeit geht ein!

Paul Fleming, Gedanken über die Zeit

Gott im Birkenwald

*V*on dem Doktor Luther verlangte einst jemand zu wissen, was
wohl Gott vor Erschaffung der Welt die lange, lange Ewigkeit hindurch getan habe. Dem erwiderte der fromme und witzige Mann:
In einem Birkenwald sei der liebe Gott gesessen und habe zur Be-
strafung für solche Leute, die unnütze Fragen tun, Ruten geschnitten.

Johann Peter Hebel, Kalendergeschichten

Wen ängstigts nicht?

*W*underliches Wort: die Zeit vertreiben!
Sie zu *halten,* wäre das Problem.
Denn, wen ängstigts nicht: wo ist ein Bleiben,
wo ein endlich *Sein* in alledem? –

Sieh, der Tag verlangsamt sich, entgegen
jenem Raum, der ihn nach Abend nimmt:
Aufstehn wurde Stehn, und Stehn wird Legen,
und das willig Liegende verschwimmt –

Berge ruhn, von Sternen überprächtigt; –
aber auch in ihnen flimmert Zeit.
Ach, in meinem wilden Herzen nächtigt
obdachlos die Unvergänglichkeit.

Rainer Maria Rilke, Aus dem Nachlaß des Grafen C. W.

26

Von Stund' zu Stunde

'S ist nur 'ne Stunde her, da war es neun,
Und nach 'ner Stunde noch wird's elfe sein;
Und so von Stund' zu Stunde reifen wir,
Und so von Stund' zu Stunde faulen wir,
Und daran hängt ein Märlein.

William Shakespeare, Wie es euch gefällt

Sekundenzeiger

daß ich als ich
ein und zwei ist
daß ich als ich
drei und vier ist
daß ich als ich
wieviel zeigt sie
daß ich als ich
tickt und tackt sie
daß ich als ich
fünf und sechs ist
daß ich als ich
sieben acht ist
daß ich als ich
wenn sie steht sie
daß ich als ich
wenn sie geht sie
daß ich als ich
neun und zehn ist
daß ich als ich
elf und zwölf ist.

Hans Arp, Wortträume und schwarze Sterne

Gelebte Zeit

*M*anchmal sagen wir: Wir haben Zeit. Aber was haben wir dann? Und manchmal werden wir sagen, wir wollten uns Zeit nehmen. Aber was wollen wir uns da nehmen und woher? Und bisweilen ist es Zeit, sogar höchste Zeit. Aber was ist es dann? ...

Wir leben gewöhnlich so, daß wir wie nach vorwärts gerichtet leben. Wir sorgen uns um das, was heute und morgen zu besorgen sein wird, was also wie von vorne uns angeht und auf uns zukommt. Wir entwerfen sorgend unsere Möglichkeiten uns voraus: Dies wird zu tun sein, auf jenes werden wir achten müssen usw. Wir leben sorgend und damit zumeist auch hoffend und fürchtend dem entgegen, was kommt. So sind wir auf das Kommende gerichtet und kommen daraus auf uns zurück, auf unsere nächsten Schritte und Worte, die zu bestimmen sind.

Aber nicht nur sind wir aufs Kommende gerichtet, auslangend nach ihm und von ihm her unsere Schritte einrichtend. Sondern es muß auch das andere gesagt werden: Es, das Kommende, selber kommt auch. Es eröffnet sich – von wo her eigentlich? – immer wieder neu ein Spielraum von Möglichkeiten, Chancen und Gefahren. Es kommt etwas von sich her auf uns zu, es kommt das Kommende, und es kommt das Kommen selber. Es kommt mit einem immer neuen Angebot auf uns zu, die wir von uns aus auf dieses Zukommende ausgerichtet sind.

Unser Auslangen nach dem Künftigen und das sich Gewähren und auf uns Zukommen des Künftigen, beides in einem ist die gelebte Dimension, die wir die Zukunft nennen können. Sie ist in jedem Augenblick da. Zukunft wäre aber nicht Zukunft, wenn sie nicht ankäme ins Jetzt und zukäme zu uns, und sich zukommend also verwandelte in Gegenwart. Es gäbe weder zu sorgen noch zu hoffen noch zu fürchten, wenn nicht die Zukunft Ankunft wäre und würde als Gegenwart. Ihr Wesen scheint also gerade dieses zu sein: sich unfehlbar in den gegenwärtigen Tag zu verwandeln.

Dies eben ist das ankommende Wesen der Zukunft. Von der Zukunft her sind wir gegenwärtig. Jetzt und da: Da liegt die Welt in unserer Hand. Jetzt können wir zu- und eingreifen oder den Zu- und Eingriff versäumen. Jetzt ist die Welt in unsere Hand gelegt, jetzt ist unsere Hand am Pulse der Welt. Jetzt ist die Stunde des Werkes.

Hier ist kein Punkt, die Gegenwart hat ihre Erstreckung. Deren Grenzen sehen wir nicht. Aber nur weil die Gegenwart als gelebte erstreckt ist und Weite hat, können wir uns frei und ausholend und bisweilen uns Zeit nehmend in ihr bewegen...

Und dabei sehen wir wiederum die doppelte Einheit des zeitlichen Geschehens. Wir sind es, die als gegenwärtigend leben, aber wir werden auch getragen, gefördert, gehindert von dem, was sich als Gehalt und Anforderung, als Chance und Gefahr anbietet und eröffnet als dieser gegenwärtige Tag. Auch in der Aktualität der gelebten und der lebenden Gegenwart ist die Doppelpoligkeit: Wir leben und wir werden gelebt, und beides ist eins: dieser Tag. Wir ergreifen und wir werden ergriffen, und beides ist eins: der geschlossene Stromkreis der Gegenwart.

Aber laufend entschwindet, was wir gegenwärtigend in der Hand haben und glauben in der Hand halten zu können. Es entschwindet, doch so, daß sich die Gegenwart immer wieder erneuert aus neuer, und wie es scheint, unerschöpflicher Zukunft und Ankunft. Und da wir uns so gestellt finden, daß wir beständig in diese Richtung der Zukunft und Ankunft blicken und in diese Richtung unsere Hände ausstrecken, achten wir des Unscheinbaren kaum: daß das Gegenwärtige, von uns in seiner Gegenwärtigkeit gelenkt und geprägt, beständig hinter uns verschwindet. Es verwandelt sich in das Gewesene und liegt dann hinter uns.

Als Gewesenes wirkt es freilich nach: Da müssen wir Folgen tragen als neue Gegenwart und neue Zukunft. Wir haben bisweilen in neuer Gegenwart zu korrigieren, was als Gewesenes uns anhängt und als Entzogenes also doch noch da ist. Das Gewesene ist noch da, als uns bestimmend in neuer Gegenwart. Es ist aber als das Entzogene da. Wir können nichts mehr daran ändern.

Auch sind wir selber ins Gewesene ausgespannt, wir wissen, daß, weil das und das gewesen ist, wir jenes andere werden tun oder leiden müssen am neuen Tag. Wir sind ins Gewesene ausgespannt, und es bleibt bei uns als zu uns gehörig, freilich so, daß wir dabei nicht nach rückwärts, vielmehr nach vorwärts blicken.

Verweilen wir aber beim Gewesenen, das zu uns gehört und bei uns bleibt, dann fällt uns immer mehr das Merkwürdige auf: daß wir es nicht mehr ändern können, insofern es gewesen ist. Nur insofern es Folgen hat, die noch nicht gewesen sind, ist daran noch etwas zu ändern. Ans Gewesene reichen wir nicht mehr mit unseren vieles wirkenden und vermögenden Händen. Was gewesen ist, ist gewesen, was fiel, ist gefallen. Das Gewesene ist in seinem Perfektum unantastbar festgemacht, so sehr es im Rückblick von jeder neuen Gegenwart aus neuen Aspekten angeschaut und gedeutet wird. Dies ist merkwürdig.

Es ist um so merkwürdiger, als die Gewesenheit, lautlos hinter uns dreingehend, die wir vorausblicken, laufend alles hinter uns her einsammelt. Es gibt nichts, was wir tun oder leiden oder irgendwie erleben mögen, was nicht zuletzt sich ins Gewesene verwandelt, um sich dann nicht mehr zu verwandeln, sondern dort gesammelt zu bleiben und als das Unsere verwahrt zu sein …

Ist die Zukunft die für unser Erleben aktuellste und in diesem Sinne primärste Dimension der Zeit, dann ist die Vergangenheit als Gewesensein die mächtigste. Lautlos kommt sie hinter uns drein, alles im Unantastbaren versammelnd und verwahrend.

Man darf und muß sogar sagen: Das Gewesensein in seiner stillen Macht ist das Künftigste alles Künftigen. Denn dies ist die einzig gewisse Zukunft für alles: daß es gewesen sein wird. Dies und dies allein ist das wirklich unfehlbar Kommende.

Bernhard Welte, Meditation über Zeit

Maßlos, unvermeßlich

*U*nd ein Astronom fragte: „Meister, was ist mit der Zeit?"
Und er antwortete:
„Ihr wollt die Zeit messen, die maßlose und unvermeßliche.
Nach Stunden und Jahreszeiten wollt ihr euren Wandel richten und
sogar den Lauf des Geistes lenken.
Aus der Zeit wollt ihr einen Strom machen, an dessen Ufer ihr sitzt
und zuschaut, wie er fließt.
Doch das Zeitlose in euch ist sich der Zeitlosigkeit des Lebens bewußt. Und weiß, daß Gestern nichts anderes ist als die Erinnerung
von Heute und Morgen der Traum von Heute. Und daß, was in
euch singt und sinnt, immer noch innerhalb der Grenzen jenes ersten Augenblicks weilt, der die Sterne in den Weltraum schleudert.
Wer unter euch fühlt nicht, daß seine Kraft zu lieben grenzenlos ist?
Und wer fühlt dennoch nicht, daß die Liebe, obgleich grenzenlos,
im Kern seines Seins eingeschlossen ist und nicht von Liebesgedanken zu Liebesgedanken oder von Liebestat zu Liebestat zieht?
Und ist nicht die Zeit wie die Liebe, ungeteilt und ungezügelt?
Doch wenn ihr in eurem Denken die Zeit in Jahreszeiten messen
müßt, laßt eine jede Jahreszeit all die anderen umfassen, und laßt
das Heute die Vergangenheit mit Erinnerungen umschlingen und
die Zukunft mit der Sehnsucht."

Khalil Gibran, Der Prophet

Die Zeit der Steine

Die Zeit der Pflanzen
dann kam die Zeit der Tiere
dann kam die Zeit der Menschen
nun kommt die Zeit der Steine

Wer die Steine reden hört
weiß
es werden nur Steine bleiben

Wer die Menschen reden hört
weiß
es werden nur Steine bleiben

Erich Fried, Reich der Steine

2
DIE ZEIT IST AUS DEN FUGEN
HEILLOSE FLUCHT NACH VORN

Die Zeit ist aus den Fugen, o verfluchte Schicksalstücken,
daß ich geboren ward, um sie zurechtzurücken!

William Shakespeare

Als sie das Ziel aus den Augen verloren, verdoppelten sie
ihre Anstrengung.

Mark Twain

Die Geschwindigkeit ruft die Leere hervor,
die Leere treibt zur Eile.

Paul Virilio

Wer im Galopp lebt, fährt im Trab zum Teufel.

Englisches Sprichwort

Der Hiob von heute

*W*hat a shame", hörte ich über dem Eismeer einen Geschäftsrei-
senden aus New York, einen Hiob von heute, stöhnen, „was hier
alles zwischen Schottland und Kanada herumliegt! Und dabei ist es
nichts! Nichts als nichts! Aber ausgedehnt muß es sein! Dazwi-
schenliegen muß es! Gerade gut genug für Luft und Wasser! Wozu
das gut sein soll!"

Das konnte ich ihm auch nicht beantworten.

„Und diese Zeit! Um nichts besser! Ebenfalls nichts! Aber dauern
muß sie! Zwischen Abflug und Ankunft! Gerade gut genug für Warten und Dösen! Wozu das gut sein soll?"

Auch darüber konnte ich ihm keine Auskunft geben.

„Allright", versuchte er sich zu beruhigen. „Allright, ich weiß,
der Herr hat alles geschaffen. Muß er also wohl auch Raum und Zeit
geschaffen haben. Obwohl ich mir deren Produktion nicht recht
vorstellen kann. Anyhow, vermutlich hat er sich etwas gedacht dabei. Und gewußt, was er damit vorhatte."

„Vermutlich."

Sein Versuch, sich selbst zu beruhigen, war gescheitert. „Vermutlich!" wiederholte er wütend. „Was heißt hier vermutlich? What a
mess! Was für eine Art Geschäftsgebaren ist denn das? Was für
Belieferung? Da kriegen Sie Waren ins Haus geschickt, Kilometer,
und Stunden, gleich ob Sie sie bestellt haben oder nicht. Zwangsan-
nahme. Und dann sitzen Sie da damit. Mit Raum und Zeit!"

Eine ungewöhnlichere Schilderung des Apriori hatte ich nie in
meinem Leben gehört.

„Oder hat er Ihnen vielleicht verraten, was er damit vorhatte?
Warum Raum? Und wozu Zeit?"

Metaphysik im Geschäftsjargon war mir ungewohnt. „Wissen
Sie was", meinte ich zögernd, denn es war nicht einfach, sich in
diese Sprache so rasch hineinzufinden, „vielleicht hat der Herr ver-
sehentlich zuviel produziert; mehr Dinge und Ereignisse, als er ur-

sprünglich kalkuliert hatte. So daß ihm nachher nichts anderes übrigblieb, als das Abundante an verschiedenen Stellen unterzubringen. An verschiedenen Stellen des Raumes. Und an verschiedenen Stellen der Zeit." – Ich war ziemlich stolz auf diese improvisierte Deutung.

Er aber wies sie energisch ab. Nicht etwa deshalb, weil er sie zu zynisch gefunden hätte, sondern weil er sich solche Geschäftsuntüchtigkeit nicht vorstellen konnte. „Dann hat er eben auch viel zuviel Raum und viel zuviel Zeit geschaffen", widersprach er. „Und wie miserabel verpackt er die Dinge hat! Mit viel zuviel Zwischenraum! Mit viel zuviel Nichts dazwischen! Ganz unwirtschaftlich!" Er wies zum Fenster hinaus. „Schauen Sie sich das doch einmal an! Diesen unausgenutzten Raum! Wo er Schottland und Kanada so schön säuberlich hätte aneinanderlegen können! Kante an Kante! Dieser unausgenutzte Raum!"

„Zahlen Sie dafür?" fragte ich.

„Natürlich", schrie er. „Wer denn sonst? Glauben Sie vielleicht, er komme auf für mein Ticket?"

„Das habe ich nicht behauptet."

„Na also! Nichts als Vergeudung, der Raum! Und nichts als Zeitverlust, diese Zeit!"

„Zeit als Zeitverlust?"

„Klingt komisch", gab er brummend zu. Meinte dann aber doch: „Stimmen tut es trotzdem!" Und verstieg sich schließlich sogar zu dem Ausdruck „Geschäftssabotage".

„Deren Sie ihn bezichtigen?"

Hilflos hob er seine Hand, um sie noch hilfloser fallen zu lassen. „Wen sonst?" fragte er wieder. Und dann, stöhnend: „Wenn man sie nur abschaffen könnte!"

„Was? den Raum? die Zeit?"

„Scheint so", antwortete er resigniert. Und schloß: „Ich hab sie jedenfalls nicht bestellt. Aber wieder loswerden kann ich sie auch nicht."

Ins Wanken geratenes Gottvertrauen hat es natürlich auch früher schon gegeben, und Hiobs in allen Epochen der Geschichte. Aber der Grund, aus dem dieser Geschäftsreisende aus New York als ein Hiob mit seinem Gott zu hadern begann, der Beschwerdepunkt, den er vorbrachte – „sinnlose Installierung von Raum und Zeit" –, der ist doch wohl erstmalig. Für ihn waren die beiden jedenfalls nichts anderes als Obstruktionsfakten. Nichts anderes als Sabotagekräfte, die ihm, gleich, wo und wann er etwas in Angriff nahm, deshalb im Wege standen, weil sie Wege erforderten, also sein Schlaraffenideal der Unmittelbarkeit unerreichbar machten. Hätte er gewußt, wie, er hätte sich ihrer entledigt, er hätte sie abgeschafft. Er haßte sie. Als Dinge, die es eigentlich nicht geben durfte; als Skandale.

Man wird einwenden, dieser Mann sei ein Unikum gewesen. Und gewiß geschieht es wirklich nicht häufig, daß jemand die Verdrießlichkeit von Raum und Zeit so durchschaut, die Klage darüber so unverblümt ausspricht und dem Wunsch nach deren Abschaffung so unzweideutig Luft macht. Aber nur das war ungewöhnlich, nur dieses *Daß*. *Was* er dagegen aussprach, das hätte er (wenn wir ihn dazu bevollmächtigt hätten, aus der Schule der Epoche zu plaudern – was wir natürlich nur ganz selten tun) in unser aller Namen verkünden können. Denn damit verriet er ein Stück von uns allen, eine der Geheimmaximen unseres heutigen Daseins: Eben unseren *Kampf gegen Raum und Zeit.*

Günther Anders, Die Antiquiertheit des Menschen.

*W*ir reißen uns ein Bein aus, um schneller ans Ziel zu kommen.

Frank Schwörer

*D*ie Leute, die niemals Zeit haben, tun am wenigsten.

Georg Christoph Lichtenberg

Der zappelnde Nichtstuer

*D*a erzählen sich die Leute immer so viel von Organisation (sprich vor lauter Eile: „Orrnisation"). Ich finde es gar nicht so wunderherrlich mit der Orrnisation.

Mir erscheint vielmehr für dieses Gemache bezeichnend, daß die meisten Menschen stets zweierlei Dinge zu gleicher Zeit tun. Wenn einer mit einem spricht, unterschreibt er dabei Briefe. Wenn er Briefe unterschreibt, telefoniert er. Während er telefoniert, dirigiert er mit dem linken Fuß einen Sprit-Konzern (anders sind diese Direktiven auch nicht zu erklären). Jeder hat vierundfünfzig Ämter. „Sie glauben nicht, was ich alles zu tun habe!" – Ich glaubs auch nicht. Weil das, was sie da formell verrichten, kein Mensch wirklich tun kann. Es ist alles Fassade und dummes Zeug und eine Art Lebensspiel, so wie Kinder Kaufmannsladen spielen. Sie baden in den Formen der Technik, es macht ihnen einen Heidenspaß, das alles zu sagen; zu bedeuten hat es wenig. Sie lassen das Wort „betriebstechnisch" auf der Zunge zergehen, wie ihre Großeltern das Wort „Nachtigall". Die paar vernünftigen Leute, die in Ruhe eine Sache nach der anderen erledigen, immer nur eine zur gleichen Zeit, haben viel Erfolg. Wie ich gelesen habe, wird das vor allem in Amerika so gemacht. Bei uns haben sie einen neuen Typus erfunden: den zappelnden Nichtstuer.

Kurt Tucholsky

*K*ein eiliger Mensch ist ganz zivilisiert.

Will Durant

Versäumnisangst

Aus der Sorge, daß die Gegenwart armselig, dürftig, karg und ungenügend ist, entsteht der Anspruch, zu guter Letzt die ganze Welt mit all ihren Möglichkeiten jederzeit und überall verfügbar zu haben, um mit ihr das unzulängliche Hier und Jetzt aufzubessern. Das *Hier und Jetzt* wird dadurch doppelt negiert. In dem, was es ist, wird es für schäbig und belanglos gehalten, aber auch in dem, wozu es unter Hinzufügung reichlicher Zutaten aus dem Fundus der produzierten Weltstücke gemacht werden soll, vermag es nicht zum reichen und erfüllten Augenblick zu werden. Wenn unendlich viel vorstellbar und verfügbar ist, dann ist jede Entscheidung für *eine* der Möglichkeiten damit, daß man zugleich eine unendliche Zahl anderer Wahlmöglichkeiten ausschlägt, zu teuer bezahlt. Jede Besetzung gegenwärtiger Zeit ist unfehlbar eine Fehlbesetzung, jeder Zugriff ein Fehlgriff, jedes Involvement wird vergällt durch das, was man dabei verpaßt. Das wirkliche Leben sprudelt immer gerade anderswo. Die Gegenwart, wie überfüllt sie auch ist, wird definiert durch das, was ihr abgeht. Sie existiert als Defizit. Das Anwesende ist stets ein Raub an den lockenden Möglichkeiten, mit denen das Abwesende winkt. Dies ist der Kern jener ökonomischen Selbstverständlichkeit, daß das reichlich Vorhandene wertlos ist, und nur das, was knapp oder unverfügbar ist, hoch gehandelt wird und die Begehrlichkeit reizt.

Unter der Versäumnisangst wird so das Verschwinden der Wirklichkeit total: Mit der Vergangenheit hat man nichts im Sinn, weil man längst über sie hinaus ist, mit der Zukunft nicht, weil man nicht geneigt ist, sie andern zu überlassen, mit der Gegenwart nicht, weil das Präsente immer das Falsche ist. Je üppiger die Welt ihm aufgetischt ist, desto hungriger nagt sich der weltgierige Mensch an ihr.

Marianne Gronemeyer, Leben als letzte Gelegenheit

Zeit-Vertreiber

*S*ie treiben über die Gegenwart und über das, was sie besitzen, hinaus, um Knechte der Hoffnung zu werden und nach Schatten zu haschen und nach eitlen Bildern, welche die Phantasie ihnen vor die Augen zaubert. Aber diese fliehen um so rascher und um so weiter, je mehr man ihnen nachjagt. Frucht und Ertrag dieses Jagens ist das Jagen.

Michel de Montaigne, Essais

Torheit

*Ä*sop, dieser große Mann, sah seinen Herrn im Gehen pissen. „Was soll denn das?" sagte er, „werden wir auch noch im Laufen scheißen müssen?" Gehen wir noch so sparsam mit der Zeit um; es wird uns immer noch genug übrigbleiben, die wir müßig und schlecht verbringen. Hat unser Geist nicht Zeit genug, um seinen Bedürfnissen zu folgen; muß er sich auch noch in dieser kurzen Zeitspanne vom Körper trennen, die der für seine Geschäfte braucht? Sie wollen aus sich heraus und dem Menschen entrinnen. Das ist Torheit; statt sich in Engel zu verwandeln, verwandeln sie sich in Tiere; statt sich zu erheben, stürzen sie ab.

Michel de Montaigne, Von der Erfahrung

Schattenverfolgung

*E*s war einmal ein Mann, den verstimmte der Anblick seines eigenen Schattens so sehr, der war so unglücklich über seine eigenen Schritte, daß er beschloß, sie hinter sich zu lassen. Er sagte zu sich: Ich laufe ihnen einfach davon.

So stand er auf und lief davon. Aber jedesmal, wenn er seinen Fuß aufsetzte, hatte er wieder einen Schritt getan, und sein Schatten folgte ihm mühelos.

Er sagte zu sich: Ich muß schneller laufen. Also lief er schneller und schneller, lief so lange, bis er tot zu Boden sank.

Wäre er einfach in den Schatten eines Baumes getreten, so wäre er seinen eigenen Schatten losgeworden, und hätte er sich hingesetzt, so hätte es keine Schritte mehr gegeben. Aber darauf kam er nicht.

Dschuang Dse

Zeit ist Geld

*B*edenke, daß die Zeit Geld ist; wer täglich zehn Schillinge durch seine Arbeit erwerben könnte und den halben Tag spazieren geht oder auf seinem Zimmer faulenzt, der darf, auch wenn er nur sechs Pence für sein Vergnügen ausgibt, nicht dies allein berechnen, er hat neben dem noch fünf Schillinge ausgegeben oder vielmehr weggeworfen.

Ist die Zeit das Kostbarste unter allem, so ist Zeitverschwendung die allergrößte Verschwendung.

Benjamin Franklin

Maximale Produktivität

*D*as Fundament des Wohlstands ist die Effizienz der menschlichen Arbeit, ein „maximaler Wohlstand existiert nur als Folge der maximalen Produktivität".

Daraus folgt, daß ein jeder die seinen natürlichen Fähigkeiten angemessene komplizierteste Arbeit im schnellsten Tempo und mit maximaler Effizienz zu verrichten hat.

Grundsatz des Taylorismus

In Zeitnot

*I*n Zeitnot geraten, wie in ein Netz,
ist der Mensch,
atemlos hetzt er durch sein Leben
und wischt sich den Schweiß.
Ein Fluch des Jahrhunderts ist diese Eile.
Blind bist du, ganz blind durch den Irrsinn der Eile.

Es wird ganz eilig gezecht und ganz eilig geliebt,
ganz tief sinkt die Seele dabei –
man martert ganz eilig, vernichtet ganz eilig,
ganz eilig sind später Reue und Buße vorbei.

Jewgeni Jewtuschenko, Gedichte

Planung

*H*ör dir das an, Gott, ich will heute
mit dem Auto unterwegs sein, morgen
schließ ich den Kaufvertrag ab, das
neue Haus wird in zehn Monaten
stehn, dann ziehen wir ein, machen
das dritte Kind, schicken das erste zur
Schule, das Geschäft wird vergrößert, den
Kompagnon schmeiße ich raus, kaufe das
restliche Aktienpaket, übernehme den
Vorsitz in der Waschmittelgesellschaft,
wechsle die Freundin, der Bungalow im
Tessin ist fällig, die Gören springen
mir von der Tasche, die Frau hat eine
Operation, ich bin Generaldirektor,
vielleicht Prostata, gut, wird repariert,
man ist sechzig, Konzern gesund, rapide
wächst das Grundkapital, glänzende
Aussichten für die nächsten zehn Jahre,
was sag ich, für zwanzig – hör dir das an,
Gott, und komme mir nicht dazwischen.

Rudolf Otto Wiemer, Wortwechsel

Affe

Einem leichtfertigen Menschen
wächst die Sucht wie ein Schlinggewächs;
er eilt von einem Dasein zum anderen,
gleich wie ein Affe, der im Wald Früchte sucht.

Buddha

Hund

Es scheint, als könne die Überlistung der Zeit mit dem Kunstgriff der rasanten Beschleunigung gelingen. Mit diesem Trick wird das Leben „verlängert", und sei es auch nur durch eine optische Täuschung. In Wahrheit wird die Zeitknappheit durch Beschleunigung nicht um ein Deut verringert. Die Kluft zwischen „Lebenszeit" und „Weltzeit" wird nicht kleiner, sondern vergrößert sich rapide.

Dieselben Mittel, die dem Individuum zu seiner Selbsterweiterung dienen, vermehren auch das Quantum der Weltmöglichkeiten. Mit jedem Beschleunigungsschub steigt das Weltangebot exponentiell an. Dahinter fällt das Individuum mit seiner einfachen Selbstbeschleunigung immer weiter zurück. Man fühlt sich an die Wurst erinnert, die dem Rennhund vor die Nase gehängt wird und ihn mit ihrem verführerischen Duft zur Höchstleistung anspornt. Da sie aber ihrer kunstvollen Anbringung wegen jede seiner Temposteigerungen mitvollzieht, bleibt es dabei, daß sie ihm nur vorschwebt. Das Bemühen, die Kluft zwischen Lebenszeit und Weltmöglichkeit durch Beschleunigung schließen zu wollen, ist noch aussichtsloser als die Jagd des Hundes auf die unerreichbare Wurst. Die Wurst bleibt dem Hund immerhin duftend vor der Nase. Die Welt aber entschwindet dem überdrehten Individuum endgültig.

Marianne Gronemeyer, Das Leben als letzte Gelegenheit

Aufbruch, Abbruch

Aufbrechen heißt auch, sich fortbewegen, den Bahnsteig, den Hafen hinter sich lassen und losfahren, heißt darüber hinaus, auf seine Ruhe verzichten, *sich der Gewalt der Geschwindigkeit hingeben,* dieser unvermuteten Gewalt, der wir uns im Verkehr tagtäglich anvertrauen und die uns so jäh von Orten trennt, durch die wir fahren.

Jeder Aufbruch ist ein Abbruch unserer Kontakte, unserer unmittelbaren Erfahrung; die von einem Fahrzeug geleistete Vermittlung ist lediglich ein Hin-und-Hergerissen-Werden, eine Folter des lokomotorischen Körpers, ein sensorieller Entzug für den Passagier. Mitgerissen, eingefangen von der Gewalt der Fahrt, können wir die Beschleunigung, das heißt den Verlust des Unmittelbaren, nur noch bejahen. Die Geschwindigkeit wird durch ihre Gewalt gleichzeitig *Geschick* und *Zweck.* Wir fahren nirgendwohin, begnügen uns schon mit dem Aufbruch und der Trennung vom Lebendigen zugunsten wesenloser Schnelligkeit ...

In der Tierwelt ist Schnelligkeit eine Folge des Schreckens, der Gefahr. In der Tat ist die Verringerung der Distanzen mittels beschleunigter Bewegung dem Selbsterhaltungstrieb zuzuschreiben. *Da die Geschwindigkeit aus der Angst resultiert,* ist nicht der Angriff, sondern die Flucht Grund für jähes Aufspringen und Losstürzen. Die anhaltende Erhöhung der Geschwindigkeiten ist somit nichts weiter als die Wachstumskurve der Angst; insofern industrialisiert die „Revolution des Transportwesens", die im 19. Jahrhundert die Geschwindigkeitsmaschine hervorbringt, den Schrecken: der Motor erzeugt die Angst. Die Geschwindigkeit der Ortsveränderung ist eine perfektionierte Form der Flucht ...

Paul Virilio, Der negative Horizont

Konkurrenzkampf

Der Meister klagte über die Übel des Konkurrenzkampfes.

„Holen Wettbewerb und Konkurrenzkampf nicht das Beste aus uns heraus?" fragte jemand.

„Sie holen das Schlimmste heraus, denn sie lehren dich das Hassen."

„Was hassen?"

„*Dich selbst* – denn du läßt zu, daß deine Aktivität von deinem Konkurrenten bestimmt wird und nicht von deinen Erfordernissen und Grenzen. *Andere* – denn du versuchst, auf ihre Kosten vorwärtszukommen."

„Das hieße dann aber, alle Veränderung und allen Fortschritt zu Grabe zu tragen", erhob einer Widerspruch.

Sagte der Meister: „Der einzige Fortschritt, den es gibt, ist der Fortschritt der Liebe. Die einzige Veränderung, die wert ist, erstrebt zu werden, ist die Veränderung des Herzens."

Anthony de Mello, Eine Minute Unsinn

Vergleichgültigung

„Die Freiheit nehm ich mir" – die Kreditkartenwerbung verrät etwas von dem Bewußtsein jener „blinden Elite", von jener Generation der bedenkenlos Tüchtigen, die in Managementkursen Durchsetzungskraft trainieren, in Hamburg ebenso zu Hause sind wie in New York oder Tokio und ihr Wochenende an der Côte d'Azur oder auf Cape Cod verbringen. Mobilität ist ihr Credo, Tempo ihre Methode. Verantwortlichkeit, Bindungen, soziale und lokale Zugehörigkeiten sind dieser Elite fremd, Tradition ist für sie ein Zopf, Moral eine Frage der Interpretation.

Diese intelligenten Verbesserer des Standorts Deutschland sind eine Minderheit, und den monogamen Familienvater, der Weib und

Kind liebt, Gott und das Finanzamt fürchtet und seine Kippe nicht auf den Boden wirft, den gibt es noch. Aber Eliten sind Vorbild, auch wenn sie nicht daran denken. Ihre Melodie prägt den Umgangston.

Und der ist rauher geworden. Von der „Ellenbogengesellschaft" ist nicht mehr die Rede, weil sie längst Realität ist und der Ellenbogen nicht mehr ausreicht. Die permanente Steigerung der Effizienz und Beschleunigung selbst auf dem unscheinbarsten Arbeitsplatz kostet jenen wertvollen Augenblick, den man braucht, um das Gesicht des Nachbarn wahrzunehmen. Das Wegschauen kommt nicht aus der Bosheit, sondern aus der wachsenden Unmöglichkeit, etwas anderes wahrzunehmen als die eigenen Interessen.

Ulrich Greiner, Von der Vergleichgültigung

Paradoxie

*D*ie Kraftstehzeuge in den Städten sind als Hochgeschwindigkeitspanzer ausgelegt, verbringen aber ca. 80 Prozent ihrer Betriebszeit im Stadtverkehr. Wegen der Sicherheit der Insassen bei hohen Geschwindigkeiten sei es erforderlich, daß die Autos größer und schwerer würden; so lauten die Verkaufsargumente. Im Ergebnis stauen und behindern sich schnelle Panzer in den Städten, übermotorisiert und bedrohlich für die Menschen außerhalb der Fahrzeuge. Um individuell und schnell den gewünschten Ort erreichen zu können, werden große und schnelle Autos gebaut, so viele, daß ein Vorankommen auf den Straßen kaum möglich ist. Verkehrswissenschaftler haben längst herausgefunden, daß das höchste Transportvermögen einer Straße nicht dann erreicht wird, wenn alle Autos sehr schnell fahren, sondern bei eher mäßigen Geschwindigkeiten. Zwingt uns die Ausnutzung von maximaler Geschwindigkeit wieder zurück in die Langsamkeit?

Ich erinnere mich eines Fluges von Paris nach New York in einem überschallschnellen Flugzeug namens Concorde. Der Flug war in etwa gleichem Maß weniger komfortabel wie er teurer war als ein normaler Flug 1. Klasse, vor allem war er letztlich langsamer trotz Überschallgeschwindigkeit. Angekommen, hieß es längere Zeit stehend an einem Hinterausgang des Flughafens warten, bis das gleichartige Flugzeug verspätet aus London eintraf. Gemeinsam mit den Neuankömmlingen ging es im Helikopter nach Manhattan, wo wir zwischen stillgelegten Gütergleisen am East-River in Höhe der 34. Straße abgeladen wurden. Da standen dann die Herrschaften mit ihrem Gepäck ohne Taxen oder sonstige Betreuung und sahen ihren Zeitvorsprung schwinden. Der Geschwindigkeitsvorteil verkehrt sich in einen Geschwindigkeitsnachteil, weil nicht das ganze System beschleunigt wird, sondern nur Teile. Der subjektiv empfundene Bremseffekt wird um ein Vielfaches verstärkt.

Wir alle kennen das Gefühl, die Zeit verginge mal rascher, mal langsamer, und immer dann, wenn man zum Augenblick sagen möchte „verweile doch, du bist so schön", zu schnell. In diesem Empfinden drückt sich die reziproke Beziehung von Geschwindigkeit und Intensität aus. Man kann nur beispielsweise entweder schnell reisen oder intensiv. Goethe beklagte in einem Brief von einer seiner italienischen Reisen, daß die Postkutschen zu schnell führen, als daß man eine Landschaft wirklich wahr- und aufnehmen könne. Von einem IC aus kann man nicht einmal mehr die Stationsschilder durchfahrener Bahnhöfe entziffern. Fragt man die Menschen, warum sie so schnell unterwegs sind, dann antworten sie: Um Zeit zu sparen. Ein schöner Traum: Zeit sparen zu können. Ein Sparkonto für Zeit, dann zu nutzen, wenn die Zeit zu Ende geht; oder wenn die Zeit gekommen ist …

Man kann also hin und wieder die Beobachtung machen, daß höhere Geschwindigkeit einen geringeren Nutzeneffekt zur Folge hat, wenngleich diese Folge zugegebenermaßen keine notwendige ist. Immer mehr Menschen kommen immer schneller irgendwo an, wo sie immer kürzer bleiben. Oder, wie Helmut Qualtinger in einem Lied über einen Motorradfahrer den gelegentlich auftauchenden Gegensatz von Geschwindigkeit und Nutzeneffekt beschreibt. „Ich weiß zwar nicht, wo ich hin will, aber dafür bin ich schneller dort."

Georges Fülgraf, Entschleunigung

Überholvorgang

*W*ir hatten Lust, den Abend und die Nacht in einem Schloß zu verbringen. In Frankreich sind viele zu Hotels geworden: ein grünes Geviert, verloren in einem häßlichen Raum ohne Grün; ein kleines Stück Alleen, Bäume, Vögel, inmitten eines unendlichen Straßennetzes. Ich fahre und beobachte im Rückspiegel hinter mir einen Wagen. Das kleine Licht links blinkt, und der ganze Wagen strahlt Wellen der Ungeduld aus. Der Fahrer wartet auf die Gelegenheit, mich zu überholen; er lauert auf diesen Moment wie ein Raubvogel auf einen Spatz.

Vera, meine Frau, sagt zu mir: „Alle fünfzig Minuten stirbt auf Frankreichs Straßen ein Mensch. Schau sie dir an, all diese Verrückten, die an uns vorbeifahren. Es sind dieselben, die so ungemein vorsichtig sein können, wenn auf der Straße vor ihren Augen eine alte Frau ausgeraubt wird. Wie kommt es, daß sie keine Angst haben, wenn sie am Steuer sitzen?"

Was soll ich antworten? Vielleicht folgendes: der über sein Motorrad gebeugte Mensch kann sich nur auf die gegenwärtige Sekunde seines Fluges konzentrieren; er klammert sich an ein sowohl von der Vergangenheit als auch von der Zukunft abgeschnittenes Fragment der Zeit; er ist der Kontinuität der Zeit entrissen; er steht außerhalb der Zeit; anders gesagt, er befindet sich in einem Augenblick der Ekstase; in diesem Zustand weiß er nichts von seinem Alter, nichts von seiner Frau, nichts von seinen Kindern, nichts von seinen Sorgen, und er hat keine Angst, wenn er losfährt, denn die

Quelle der Angst liegt in der Zukunft, und wer von der Zukunft befreit ist, hat nichts zu befürchten.

Die Geschwindigkeit ist die Form der Ekstase, mit der die technische Revolution den Menschen beschenkt hat. Im Gegensatz zum Motorradfahrer ist der Läufer stets in seinem Körper anwesend, unaufhörlich gezwungen, an seine Blasen, seine Atemlosigkeit zu denken; beim Laufen spürt er sein Gewicht, sein Alter, mehr denn je ist er sich seiner selbst und seiner Lebenszeit bewußt. Alles wird anders, wenn der Mensch die Macht der Geschwindigkeit auf eine Maschine überträgt: von dem Moment an ist sein Körper aus dem Spiel, und er gibt sich einer Geschwindigkeit hin, die unkörperlich, immateriell ist, reine Geschwindigkeit, Geschwindigkeit an sich, Geschwindigkeitsekstase.

Eine seltsame Allianz: die kalte Unpersönlichkeit der Technik und die Flammen der Ekstase. Ich erinnere mich an eine Amerikanerin, eine Art Apparatschik der Erotik, die mir vor dreißig Jahren mit gestrenger und enthusiastischer Miene eine (eiskalt theoretische) Lektion über die sexuelle Befreiung erteilt hat; das Wort, das in ihrer Rede am häufigsten vorkam, war das Wort Orgasmus; ich hatte gezählt: dreiundvierzigmal. Der Kult des Orgasmus: der auf das sexuelle Leben projizierte puritanische Utilitarismus; Leistungsfähigkeit contra Muße; Reduktion des Geschlechtsaktes auf ein Hindernis, das es so rasch wie möglich zu überwinden gilt, um zu einer ekstatischen Explosion zu gelangen, dem einzig wahren Ziel der Liebe und des Universums.

Weshalb ist das Vergnügen an der Langsamkeit verschwunden? Ach, wo sind sie, die Flaneure von einst? Wo sind sie, die faulen Burschen der Volkslieder, diese Vagabunden, die gemächlich von einer Mühle zur andern zogen und unter freiem Himmel schliefen? Sind sie mit den Feldwegen, den Wiesen und den Lichtungen, mit der Natur verschwunden? Ein tschechisches Sprichwort beschreibt ihren süßen Müßiggang mit einer Metapher: sie schauen dem lieben Gott ins Fenster. Wer dem lieben Gott ins Fenster schaut, langweilt sich nicht; er ist glücklich. In unserer Welt ist der Müßiggang zur Untätigkeit geworden, und das ist etwas ganz anderes: der Untätige ist frustriert, er langweilt sich, ist beständig auf der Suche nach der Bewegung, die ihm fehlt.

Ich schaue in den Rückspiegel: immer noch derselbe Wagen, der mich wegen des Gegenverkehrs nicht überholen kann. Neben dem Fahrer sitzt eine Frau; warum erzählt der Mann ihr nicht etwas Lustiges? Warum legt er ihr nicht die Hand aufs Knie? Statt dessen verflucht er den Autofahrer vor ihm, der nicht schnell genug fährt, und die Frau denkt auch nicht daran, den Fahrer mit der Hand zu berühren, sie fährt geistig mit und verflucht mich ebenfalls.

Und ich denke an jene andere Reise von Paris zu einem Landschloß, die vor mehr als zweihundert Jahren stattgefunden hat, die Reise von Madame de T. und dem jungen Chevalier, der sie begleitete. Es ist das erste Mal, daß sie so nahe beisammen sind, und die unbeschreiblich sinnliche Atmosphäre, die sie umgibt, entsteht gerade aus der Langsamkeit des Rhythmus: von der Bewegung der Kutsche geschaukelt, berühren die beiden Körper sich, zuerst unwissentlich, dann wissentlich, und die Geschichte nimmt ihren Lauf.

Milan Kundera, Die Langsamkeit

*A*lle Eile ist vom Teufel.

Türkisches Sprichwort

Wir fahren, fahren, fahren ...

Wir fahren, fahren, fahren auf der Autobahn,
wir fahren, fahren, fahren auf der Autobahn,

vor uns liegt ein weites Tal,
die Sonne scheint mit Glitzerstrahl.

Wir fahren, fahren, fahren auf der Autobahn,
wir fahren, fahren, fahren auf der Autobahn,
die Fahrbahn ist ein graues Band,
weiße Streifen, grüner Rand.

Wir fahren, fahren, fahren auf der Autobahn,
wir fahren, fahren, fahren auf der Autobahn,

jetzt schalten wir das Radio an,
aus dem Lautsprecher klingt es dann:

Wir fahren, fahren, fahren auf der Autobahn,
...

Kraftwerk

Der Radwechsel

Ich sitze am Straßenrand.
Der Fahrer wechselt das Rad.
Ich bin nicht gern, wo ich herkomme.
Ich bin nicht gern, wo ich hinfahre.
Warum sehe ich den Radwechsel
Mit Ungeduld?

Bertolt Brecht

3
LANGSAMKEIT IST DAS GEHEIMNIS
AUF DER SUCHE NACH DER GEWONNENEN
ZEIT

Lauf nicht zu schnell,
damit du nicht stehenbleiben mußt.
Nur der Besonnene erreicht das Ziel.

Altägyptisch

Du bist zu schnell gerannt für das Glück.
Jetzt, wo Du müde wirst, holt das Glück Dich ein.

Friedrich Nietzsche

Wären wir ruhiger, langsamer, so ginge es uns besser,
ginge es schneller mit unseren Angelegenheiten voran.

Robert Walser

„Ihr habt die Uhren.
Wir haben die Zeit."

Ein tibetischer Lama

Es wird zu schnell gelebt

*E*s wird zu schnell gelebt. Man glaubt, es sei zweifellos notwendig, daß die Nation Handel treibe, Eis exportiere, daß man durch den Telegraphen sprechen und dreißig Meilen in der Stunde fahren könne, ob man es nun tut oder nicht. Ob wir aber wie Paviane oder wie Menschen leben sollen, ist nicht ganz so sicher. Wenn wir aber, anstatt Schwellen herbeizuschaffen und Schienen zu schmieden und Tag und Nacht an die Arbeit zu wenden, an unserm *Leben* herumhämmern, um *dieses* zu verbessern, wer wird dann Eisenbahnen bauen? Und wenn keine Eisenbahnen gebaut werden, wie sollen wir zur rechten Zeit in den Himmel kommen? Bleiben wir aber zu Hause und kehren wir vor unserer eigenen Tür, wer braucht dann Eisenbahnen? Wir fahren nicht auf der Eisenbahn, sondern sie fährt auf uns.

Warum sollen wir in solcher Eile, solcher Lebensverschwendung leben? Wir sind entschlossen zu verhungern, ehe wir hungrig sind. Die Leute sagen, ein Stich zur rechten Zeit erspare neun, und machen deshalb heute tausend Stiche, um morgen die neun zu sparen. Was die *Arbeit* betrifft, so haben wir keine von irgendwelcher Bedeutung. Wir leiden am Veitstanz und können unmöglich unsere Köpfe stillhalten. Wenn ich nur ein paarmal an den Glockensträngen der Pfarrkirche zöge, als ob es brennte, das heißt: wenn ich das Sturmzeichen geben würde, so gäbe es kaum einen Mann auf seiner Farm in der Umgebung von Concord, der trotz seiner vielen dringenden Geschäfte, die heute morgen seine Entschuldigung bildeten, auch keinen Jungen, fast möchte ich sagen: keine Frau, die nicht alles stehen und liegen ließen, um diesem Zeichen zu folgen. Sie täten es vielleicht weniger, um das Besitztum den Flammen zu entreißen, als – um die Wahrheit zu gestehen – um es brennen zu sehen, da es denn doch brennen muß, und *wir*, das sei kundgetan, das Feuer nicht legten. Aber man kann auch beim Löschen zusehen und sich dabei beteiligen, wenn das ebenso leicht getan werden kann, selbst im Fall es die Pfarrkirche selber wäre. Hat einer nur ein halbstündiges Mittagsschläfchen gehalten, so richtet er, wenn er wach wird, den Kopf auf und fragt: „Was gibt's Neues?" Als ob die übrige Menschheit mittlerweile Wache gestanden wäre! Manche lassen sich, zweifellos aus keinem andern Grund, alle halbe Stunde wecken, und dann erzählen sie zum Dank dafür ihre Träume. Nach dem Nachtschlaf sind die Neuigkeiten so unumgänglich notwendig wie das Frühstück. „Ich bitte dich, erzähle mir irgendwas Neues, das irgend jemand irgendwo auf dieser Erde passiert ist!" Und er liest bei seinem Kaffee und mürben Brötchen, daß heute früh einem Mann auf dem Wachito-Fluß mit dem Daumen ein Auge herausgedrückt wurde; dabei kommt ihm aber kein Gedanke daran, daß er selbst in der dunklen, unergründlichen Mammuthöhle dieser Welt lebt und selbst nur rudimentäre Augen besitzt.

Ich für meinen Teil könnte leicht ohne Post auskommen. Ich glaube, daß nur wenig wirklich wichtige Mitteilungen durch sie gemacht werden. In meinem Leben erhielt ich, um kritisch zu reden, nicht mehr als einen oder zwei Briefe – ich schrieb dies vor mehreren Jahren –, die ihr Porto wert waren ... Daß ich niemals eine denkwürdige Nachricht aus einer Zeitung schöpfte, darüber bin ich ganz sicher. Wenn wir lesen, daß *ein* Mensch beraubt, ermordet oder zufällig getötet wurde, *ein* Haus abbrannte, *ein* Schiff unterging oder *ein* Dampfer in die Luft flog, *eine* Kuh von der Eisenbahn überfahren und *ein* wütender Hund getötet wurde oder daß *ein* Schwarm Heuschrecken im Winter angetroffen wurde, so brauchen wir das niemals wieder zu lesen. Einmal genügt. Wenn dir das Gesetz bekannt ist, was brauchst du dich um die Myriaden von Fällen und Anwendungen zu kümmern? Dem Philosophen sind alle Neuigkeiten Geschwätz, und die es herausgeben und lesen, sind alte Teetanten.

Was Neuigkeiten! Wieviel wichtiger, das zu wissen, was nie alt war! „Kieou-he-yu (Großstatthalter des Staates Wei) schickte einen Mann zu Khoung-tseu, um von ihm Nachricht zu erhalten. Khoung-tseu ließ den Boten neben sich niedersitzen und fragte ihn: `Was treibt dein Herr?` Der Bote antwortete ehrfurchtsvoll: `Mein Herr wünscht die Zahl seiner Fehler zu verringern, aber er kommt damit nicht zu Ende.` Als der Bote fort war, sprach der Philosoph: `Welch tüchtiger Bote, welch tüchtiger Bote!`" Der Prediger sollte, statt die Ohren seiner schläfrigen Bauern an ihrem Ruhetag am Ende der Woche – denn der Sonntag ist der passende Schluß einer schlecht verbrachten Woche, nicht der frische, wackere Anfang einer neuen – mit einer abgedroschenen Predigt zu ärgern, ihnen mit Donnerstimme zurufen: „Halt! Genug! Warum scheinbar so schnell und doch so tödlich langsam?"

Wenn wir nur das achten wollten, was unvermeidlich ist und ein Recht auf Existenz hat, so würden die Straßen von Musik und Poesie erklingen. Wenn wir weise und ohne Eile sind, so sehen wir, daß nur große und würdige Dinge eine ewige und absolute Dauer haben.

In der Ewigkeit ist fürwahr etwas Wahres und Erhabenes. Aber alle diese Zeiten, Orte und Gelegenheiten sind jetzt und hier. Gott selbst kulminiert im gegenwärtigen Augenblick und wird nicht göttlicher sein im Verlaufe aller Äonen. Wir sind nur dann imstande, alles Edle und Erhabene aufzufassen, wenn wir stets die uns umgebende Wirklichkeit in uns aufnehmen, uns von ihr ganz durchdringen lassen. Das Weltall entspricht beständig und gehorsam unseren Vorstellungen; ob wir langsam oder schnell reisen, der Weg ist uns vorgezeichnet. So laßt uns also unser Leben begreifend verbringen. Kein Dichter oder Künstler hatte je einen so schönen und erhabenen Plan, daß es nicht einem seiner Nachkommen gelungen wäre, ihn auszuführen.

Laßt uns unsern Tag mit soviel Überlegung verleben wie die Natur und uns nicht von jeder Nußschale, jedem Moskitoflügel, der auf unsern Pfad fällt, davon abbringen. Laßt uns früh aufstehen und fasten oder die Fasten brechen und frühstücken, ruhig und ohne Hast; laßt Besuch kommen, laßt Besuch gehen, die Glocken läuten und die Kinder schreien – wir wollen uns unseres Tages freuen.

Die Zeit ist nur ein Fluß, in dem ich fischen will. Ich trinke daraus, aber während ich trinke, sehe ich seinen sandigen Grund und
entdecke, wie seicht er ist. Seine schwache Strömung verläuft, aber
die Ewigkeit bleibt. Ich möchte in tieferen Zügen trinken, im Himmel fischen, dessen Grund voll Kieselsterne liegt.

Henry David Thoreau, Leben aus der Stille

Der Geist geht zu Fuß

*E*in hochbetagter, strenger Muslim ließ sich, zur Pilgerszeit, nach
langem Drängen der Familie dazu bewegen, diesmal statt des be-
schwerlichen Fußwegs nach Mekka das Flugzeug zu besteigen.
Zurückgekehrt und befragt, wie es denn gewesen sei, meinte der
Alte: „Ich weiß es nicht. Mit dem Geist bin ich nicht in Mekka gewesen. Denn der Geist geht zu Fuß."

Türkisch

Verein zur Verzögerung der Zeit

„Du kannst noch so oft an der Olive zupfen,
sie wird deshalb nicht früher reif."

Toskanisches Sprichwort

*I*mmer mehr Menschen haben trotz „Arbeitszeitverkürzung" immer weniger Zeit für das, was sie wollen. Auch im großen gewinnt
man den Eindruck, daß sich das Rad der Geschichte immer schneller zu drehen beginnt, daß es immer weniger die Möglichkeit für
ein betrachtendes Innehalten gibt. Kopfüber stürzen wir uns aktivi-
stisch in den Lauf der Zeit; Pausen sind Ablenkung, unproduktiv
und kosten überdies Geld. Wir leben in einer Epoche einer sich immer schneller „beschleunigenden Zeit".

„Zeit ist Geld" lautet die nicht unplausible Erkenntnis unserer Neuzeit. Sie gilt auch zweifellos für ein wirtschaftliches Produktionssystem, in dem der „gewinnt", der in immer kürzeren Zeiträumen immer mehr und besser produziert. Er hat Konkurrenzvorteile.

Was für die industrielle Produktion und ihre Eigenlogik gilt, hat sich aber auf alle Lebensbereiche übertragen und nicht nur auf unsere Arbeit. Freizeit wird mit allem möglichen immer mehr vollgestopft, Politiker brauchen ihre Erfolge innerhalb einer Wahlperiode und veranlassen Gesetze, die flüchtig gepfuscht sofort das Novellierungskarussell in Gang setzen, und selbst Seelsorger hetzen von einer Seele zur anderen.

Die Beschleunigung wird zum Maß aller Tätigkeiten und vergewaltigt „Eigenzeit". Damit ein Schwein „sich rechnet", muß es nach einem halben Jahr für den Schlächter „reif" sein. Agrartechnologie hilft, Natur und Lebendiges unter das ökonomische Zeitmaß zu zwingen. Naturprodukte geraten unter das Zeitmaß industrieller Produktion.

Medizinische, psychologische Hilfe und Beratung darf ein gewisses Zeitmaß nicht überschreiten, sonst wird sie unrentabel; Krankenkassenbeiträge haben ihre Zeit.

Nachdenkpausen in der Politik gelten als Eingeständnis von Schwäche, auch wenn es wahrlich viel zum Nachdenken gäbe.

Im Verkehr wird „Gleichzeitigkeit" geübt: die Geschwindigkeiten und Kräfte unserer Verkehrsmittel werden ständig erhöht. Es ist wichtig, schnell überall sein zu können.

Am Arbeitsplatz wachsen Spannungen und Konflikte proportional zur fehlenden Zeit, sie „behandeln", analysieren und lösen zu können. Diskussion ist „Quatschbude".

Im demokratischen Leben hetzen Berufsfunktionäre und -politiker von einer Veranstaltung zur anderen und kommen eingestandenermaßen weder zum Lesen noch zum Denken: wer denkt für sie?

Jährlich wird uns angeblich aus Rationalitätsgründen eine Sommerzeit verschrieben: den Vorteil genießen Tennisspieler mit längerem Licht am Abend. Den Bauern ist dies nicht so recht: Tiere schauen nicht auf die Uhr. Kinder verstehen auch nicht, wieso sie bei strahlender Sonne schon ins Bett gehen müssen.

Langsamkeit, Bedächtigkeit, innehaltendes Prüfen werden fast als körperliche Behinderung angesehen. Auf jemanden oder etwas warten zu müssen, wird als persönliche Beleidigung verstanden.

Produkte haben in einer „Wegwerfgesellschaft" immer kürzere Lebenszeiten, man produziert bestenfalls fürs Recycling. Produkte, deren Herstellung lange dauert, sind unerschwinglich. Man kann nur über diese Befunde diskutieren – übrigens wann?

Wir wollen aber diese „Schieflage" nicht länger hinnehmen.

Deshalb ist das Ziel der Mitglieder des Vereins zur Verzögerung der Zeit: Jedes Vereinsmitglied sollte am Ort seiner Tätigkeit überall dort, wo es ihm sinnvoll erscheint, Zeit verzögern und sich der Solidarität des gesamten Vereins sicher sein. Er sollte zum Innehalten, Nachdenken auffordern, wo blinder Aktivismus und partikulares Interesse Scheinlösungen produziert.

Peter Heintel, Zum Verein zur Verzögerung der Zeit

Der Wasserträger

*E*in sizilianischer Bauer hatte ein kleines Feld oberhalb einer Schlucht. Täglich stieg er mehrmals in die tiefe Schlucht hinab, um auf seinem Rücken Wasser für seine Pflanzen hinaufzutragen.

Als die Ingenieure kamen und ihn seine mühsame Arbeit verrichten sahen, boten sie ihm an, eine Pumpe zu bauen, die ihm die Schlepperei ersparen würde und das Wasser je nach Bedarf hochpumpen könnte.

Der Bauer lehnte höflich ab: „Wenn ich das Wasser nicht mehr selber tragen würde, dann fehlte mir die Zeit zum Nachdenken."

Italienisch

Zeitgewinn? Zeitverlust?

*M*an verliert die meiste Zeit damit, daß man Zeit gewinnen will.

John Steinbeck

Die meiste Zeit geht dadurch verloren, daß man nicht zu Ende denkt.

Alfred Herrhausen

Nicht jagen und haschen

*S*obald du das Ziel zu erjagen und zu fassen versuchst, bist du auch schon vorbeigestolpert.

Zen-Spruch

Pferd und Kamel

*D*as Araberpferd galoppiert wie der Wind. Das Kamel stampft gemächlich dahin – dafür aber Tag und Nacht.

Saadi von Schiras

Nimm dir Zeit und nicht das Leben

*D*as große Rennen, das wir Leben nennen, gewinnen nicht die Schnellen, sondern eher die Langsamen, diejenigen nämlich, die zuletzt sterben. Das ahnt auch noch der gestreßteste Manager, der mit dem Blick auf die Uhr das Arbeitsessen hektisch absolviert und der den Wirtschaftsteil der Tageszeitung zur Gute-Nacht-Lektüre mißbraucht. Das schlechte Gewissen veranlaßt ihn, seine Kinder und seine Frau mit teuren Geschenken zu überhäufen und die gemeinsame Lebensgestaltung auf einen späteren Zeitpunkt zu verschieben: „Nächstes Jahr machen wir dann mal richtig Urlaub!"

Daß wir mit mehr Schnelligkeit zu größerem materiellem Gewinn kommen können, erleben wir täglich, daß aber jene Formen unserer Existenz, die nicht mit Geld zu kaufen sind, wie z. B. Zuneigung, Dankbarkeit, Liebe, Geschmack, andere als eilige Zeitformen benötigen, dies spüren wir immer deutlicher. Die Wünsche, ab und zu hinter sich blicken zu können, einmal aufzuatmen, um den Dauergalopp zu den rasch und rascher wechselnden Zielen zu unterbrechen, nehmen zu. Auszusteigen aus der unbefriedigenden Hetze der zirkulären Alltagsrationalität, die zu immer mehr Oberflächlichkeit führt, welche dann wiederum Beschleunigung zur Folge hat, wird immer hörbarer als Forderung und Hoffnung artikuliert. Die Frage: „Was bleibt von den Zeitgewinnen übrig?" wird inzwischen nicht mehr nur leise gestellt. Die Suche nach der gewonnenen Zeit wird häufiger aufgenommen. Die Vermutung, daß die Zeitgewinne zum Teil trügerisch sind und nicht unbedingt das erwartete und versprochene Mehr an Lebensqualität bringen, wird stärker und hörbarer. Dies gilt nicht nur für den betrieblichen Produktionsprozeß, sondern auch – wie man am eigenen Leib erfahren muß und kann – für die moderne Haushaltsführung.

„Dank vorgefertigter Produkte und Mikrowelle verkürzt sich nachweislich die Zeit, die man für die reine Zubereitung der Nahrungsmittel benötigt. Dafür jedoch nimmt in fast gleichem Maße die Zeit zu, die man dafür verwendet, die Lebensmittel einzukaufen, weil es z. B. den Laden um die Ecke nicht mehr gibt (die Läden vielmehr im Schnitt 8 km von zu Hause entfernt liegen); und weil die sogenannten Rüst- und Reinigungszeiten durch die zu hohe Technisierung der Küche zunehmen. Statt Kartoffeln schrubben wir die Moulinex und lesen Betriebsanleitungen. Unterm Strich – so belehrt uns die Haushaltswissenschaft – scheint in Sachen Zeit auch in der Küche zu gelten: wie gewonnen, so zerronnen" (M. Schneider).

Wer sich Zeit läßt, Geschmack zu entwickeln und zu pflegen, wird permanent und überall in frustrierender Art und Weise daran erinnert, daß der Entwicklungsprozeß von Milchprodukten, der des Obstes sowie der des Fleisches manipuliert und beschleunigt wird. Dies findet neuerdings u. a. seine organisatorische Gegenreaktion in der „Slow-food-Bewegung", die auf den Sachverhalt aufmerksam zu machen versucht, daß es zum Fast-food eine Alternative gibt. Solche Anti-Bewegungen sind auch in anderen Bereichen zu erkennen. Die „Entdeckung der Langsamkeit" (Nadolny) ist zum Bestseller geworden; und das Buch wird – völlig verschieden von den sonst üblichen raschen Verkaufszyklen des Buchhandels – bereits über ein Jahrzehnt erfolgreich verkauft. Wirtschaftswissenschaftler machen darauf aufmerksam, daß die Innovationen, die der Beschleunigung dienen, Langsamkeit, Beharrlichkeit und Geduld voraussetzen – sowohl bei ihrer Entwicklung als auch bei ihrem Einsatz in den Unternehmen. Nur mehr selten kann es sich heute eine städtische Ansiedlung erlauben, keine verkehrsberuhigte Zone, in der die zu Fuß Gehenden gegenüber den schnellen Autos größere Rechte haben, einzurichten – und die dort angesiedelten Geschäftsleute haben inzwischen sogar den ökonomischen Nutzen dieser „Bereiche der Langsamkeit" erkannt. Rationell geplant und effektiv realisiert wird auch der Markt jener Bildungs- und Freizeitangebote, der alternative Zeiterfahrungsformen im Kontrast zur Schnelligkeit unseres Alltags anbietet. Nach Meditationsformen, asiatischen Philosophien und Religionen, zeitverzögernden Bewegungs- und Körpertechniken besteht eine große Nachfrage. Ebenso nach Musik, die der Entspannung dient. Unübersehbar ist das Bedürfnis nach einem Anhalten, einem Verlangsamen der industriegesellschaftlichen Zeitdynamik. Dies bleibt nicht ohne Widersprüche.

Man will in die uhrzeitlose Welt entführt werden – aber kurz vor Ladenschluß wieder zurück sein. Und alle merken, „daß es so leicht ist, nichts mehr tun zu wollen. Daß es uns so schwer fällt, wirklich nichts zu tun" (Bloch).

Die Sehnsucht nach Langsamkeit, nach dem Ausstieg aus der Zeithetze, nimmt in dem Maße zu, wie die Chancen ihrer Erfüllung abnehmen. Wir sind immer auf dem Sprung irgendwohin – manchmal auch zu einem Yoga-Kurs.

In dem von der Deutschen Verkehrswacht ehemals tausendfach an den Schnellstraßen plakatierten Motto: „Nimm dir Zeit und nicht das Leben" steckt die tiefe Erkenntnis, daß Schnelligkeit lebensfeindlich ist, daß wir an dem, was Leben ausmacht, mit Hochgeschwindigkeit vorbeirauschen. Mephisto ist es, der den Faust zur Eile treibt, und dieses Teuflische an der Hetze wird wohl immer offensichtlicher. „Ohne Langsamkeit", so Nadolny, „kann man nichts machen, nicht einmal Revolution."

Das Langsame, das Bedächtige, ist eine wichtige Produktivkraft. Vieles, auf das wir nicht verzichten können, vieles, was zentraler Bestandteil des Lebendigen und dessen Entwicklung ist, kann nur durch und mit Langsamkeit geschützt und befördert werden. Diese erst ermöglicht die Freiheit des Denkens, des Fragens und die Entwicklung der Sinne (man kommt eben nur langsam zu Sinnen). „Wenn du nicht langsamer machst, kommst du nie dahinter" – ermahnt Harvey Keitel seinen ungeduldigen Kommunikationspartner im Kino. Der Atem der Dinge, der Atem derer, die einem nahestehen, ist nur dort zu spüren und zu erleben, wo man sich ihnen zögernd nähert.

Das Nahe und das Naheliegende übersehen wir, wenn wir nicht langsam sind. Nur die Geduldigen öffnen sich, greifen zögernd ein. Staunend sind sie in der Lage, sich der Mitwelt zuzuwenden – und sich selbst ebenso. Denn nur jene, die nicht eilig sind, können sich selbst zum „ungeschminkten Gesellschafter" (Hermann Hesse) haben. Nur mit Hilfe von Langsamkeit und Besinnung entwickelt sich die Vielfältigkeit der Wahrnehmung, entwickeln sich Gründlichkeit, Gerechtigkeit und Verantwortungsbewußtsein. Zerdehnte Zeit, die wir Langsamkeit nennen, ist daher keine Zeit der Untätigkeit, sie ist produktiv und unverzichtbar...

Die Rückbindung unseres Denkens und Tuns an die Zeitmuster der uns umgebenden Natur (und auch unserer eigenen Natur) ist zwingend, wenn wir uns im Einklang mit der Welt entwickeln wollen.

Kennzeichen der evolutionären Dynamik, also des natürlichen Fortschritts, ist *auch* die Langsamkeit, die Gemächlichkeit. Wir können es an uns selbst überprüfen: Wenn wir so schnell verdauen würden, wie wir heute üblicherweise essen, hätten wir alle immerzu Durchfall. Anpassungsprozesse an die natürliche (und die soziale) Umgebung benötigen ein widerstandsfähiges Beharrungsvermögen und eine aktive Form des Zeitlassens. Nur dann ist es auch wahrscheinlich, daß wir die Fehler, die wir machen und gemacht haben, wieder revidieren können. Und manches – dies gilt auch fürs Arbeitsleben – hat nur so eine Chance, sich selbst zu erledigen, wenn man es langsam angeht. Für diejenigen, die gerne in der Küche tätig sind, hat dies Brillat-Savarin, der Meister der Geschmackskultur, sehr schlicht und eindringlich ausgedrückt: „du temps, du temps, du temps". „Meine Herren, es eilt, setzen wir uns", so ein weiterer kluger Ratschlag aus Frankreich. Vielen Dingen, vielen Prozessen – insbesondere gilt dies für unsere Lebensmittel, aber nicht nur für diese – braucht man nichts weiter hinzuzusetzen als Zeit, Zeit, Zeit. Und dies wiederholt.

Karlheinz A. Geißler, Zeit

Relativ schnell

*E*in Mann in der Bar wandte sich zu dem neben ihm sitzenden Fremden und sagte:

„Ich verstehe es einfach nicht. Ich brauche nur einen kleinen Drink, nur einen einzigen kleinen Drink, und schon bin ich betrunken."

„Wirklich. Nur einen?"

„Ja. Und gewöhnlich ist es der achte."

Anthony de Mello, Wie ein Fisch im Wasser

Wenn Manhattan plötzlich langsam wird

Zuweilen kommt mir eine prophetische Vision, ein köstliches Traumbild von einem tausendjährigen Reich, in welchem Manhattan sich plötzlich der *Langsamkeit* befleißigt und der amerikanische Erfolgsmensch zur östlichen Landstreichernatur wird. Da werden die amerikanischen Herren statt in Hosen in weitem Rock und Pantoffeln herumschlurfen und mit den Händen in den Taschen übers Fußgängerpflaster des Broadway traben, wenn sie nicht gar nach chinesischer Art beide Hände in die Ärmel stecken. Die Polizisten werden an den Straßenkreuzungen mit den Langsamfahrern ein paar gemütliche Worte tauschen, und die Chauffeure werden halten und einer den anderen mitten im Verkehr des langen und breiten fragen, wie es der lieben Großmama geht. Jemand steht vor seinem Laden und putzt sich die Zähne, unterhält sich wohl auch zwischenhinein friedlichen Gemütes mit den Nachbarn, und dann und wann segelt ein verträumter Gelehrter vorüber, seinen biegsamen Band Lektüre zusammengerollt und in den Ärmel geschoben. Mittagstische am laufenden Band wird es keine mehr geben; die Leute sitzen statt dessen behaglich in weiche, niedrige Armsessel gekuschelt im Automatenrestaurant, und andere haben die Kunst gelernt, sich im Café einen ganzen Nachmittag um die Ohren zu schlagen. Ein Glas Orangensaft hält eine halbe Stunde lang vor, und die Menschen haben wieder gelernt, den Wein in langsamen Schlucken zu trinken und in richtigen Abständen ein angenehmes, plauderhaftes Wort dazwischenzuwerfen, statt daß sie das ganze Glas in einem Zug hinunterstürzen. Die Feuerspritzen werden im Schneckentempo fahren, und ihre Insassen werden unterwegs anhalten, um nach den Wildgänsen am Himmel auszuschauen und darüber zu streiten, wie viele es sind.

Lin Yutang, Weisheit des lächelnden Lebens

Kostbarkeit

Der Wein speichert eine jeweils ganz eigene, besondere Zeit. Das, was wir trinken – und, wenn wir uns Zeit nehmen, auch schmekken –, ist die Zeit, die der Wein in sich birgt: die Zeit der Reife, die Zeit der Ernte, die Zeit der Lagerung, die Zeit der Pflege, die Zeit des Genusses. Daher sollte man beim Wein – genauso wie in der Liebe – niemals hasten, niemals beschleunigen. Tut man es trotzdem, erlebt man nur unerfüllte Sehnsucht, Traurigkeit und großes Bedauern über die erahnten, aber nicht erlebten Möglichkeiten. Wer Wein schnell trinkt, der sollte besser Wasser zu sich nehmen. So jemand trinkt ihn nicht, er schluckt ihn nur. Wie dies auch mit den schnellen Weinen, beispielsweise mit dem Prosecco, geschieht, den die einfallslosen Dringlichkeitsdynamiker und Streßalkoholiker unserer Tage bevorzugt im Stehen zu sich nehmen.

Die Qualität des Weines erkostet man ausschließlich dann, wenn man Geduld hat, wenn man sich Zeit läßt. Diese braucht man ja bereits, um einen guten Wein zu finden. Und man braucht viel Zeit – und auch viel Wein –, um den Geschmack für diesen zu entwickeln. Das alles geht nicht geradlinig; da muß man Umwege gehen, da muß man Enttäuschungen erleben und Erfahrungen machen. Wie eben auch sonst beim Lernen, wenn's denn was Gescheites werden soll. Der Wein nämlich ist der Lehrer der Zunge. Es muß wohl diese Einsicht gewesen sein, die den pfälzischen Kurfürsten 1479 dazu bewog, den Heidelberger Professoren das Recht zuzugestehen, zollfrei Wein zu importieren und zu trinken (aber er verbot ihnen gleichzeitig, damit zu handeln oder heimlich Kneipen aufzumachen). Es geht eben nichts über ein gutes Glas Wein – außer ein zweites.

Nehmen wir als Lebende regen Anteil an diesem köstlichen Rendezvous von Endlichkeit und Ewigkeit. Denn: „Was ist das Leben, da kein Wein ist?", so liest man es in der Bibel (bei Jesus Sirach 31, 33).

Die Antwort ist trinkbar.

Karlheinz A. Geißler, Zeit

Trink-Zeit

Wein trinkt man nicht nur.
Man riecht ihn.
Man betrachtet ihn.
Man schmeckt ihn.
Man schlürft ihn.
Man spricht über ihn.

Markgräfler Weisheit

Gewinn

Wie können wir die Muster der Hetze und der Anspannung um-
wandeln? Ein erster Schritt ist, früh aufzustehen, damit man für
den ganzen Tag ein entspanntes Tempo einschlagen kann. Nehmen
Sie das Essen langsam ein, und widmen Sie sich dabei ausgiebig
Ihren Tischgenossen. Kommen Sie früher als nötig zur Arbeit, und
gehen Sie den wichtigen Aufgaben in einem ruhigen, von der Uhr
und dem Konkurrenzdenken unbeeinflußten Tempo nach. Bauen
Sie freundschaftliche und liebevolle Beziehungen zu den Menschen
am Arbeitsplatz und zu Hause auf, indem Sie bei jeder Gelegenheit
Geduld üben. Räumen Sie alles auf, wenn Sie Ihren Arbeitsplatz
verlassen, und lernen Sie das bewußte Abschalten von der Arbeit.
Üben Sie Ihr Urteilsvermögen bei der Freizeitgestaltung aus, damit
Sie sie zur Belebung der Lebenskräfte und nicht zum Auslaugen
Ihrer Zeit und Energie verwenden...

Eine Umgestaltung bestehender Verhaltensmuster in der vorge-
schlagenen Weise wird weder einfach noch schmerzlos sein. Be-
harrliche Anstrengungen über einen längeren Zeitraum hinweg
werden erforderlich sein, um die über viele Jahre aufgebauten Hek-
tikmuster rückgängig zu machen. Der Gewinn ist jedoch gewaltig,

und wir spüren den Nutzen dieser Umgestaltung bereits vom ersten Tag an, an dem wir diese herbeizuführen versuchen. Von Anfang an haben wir nämlich einen neuen Weg eingeschlagen, der uns überschäumende Lebenskraft, bessere Gesundheit, eine größere Ausgeglichenheit, harmonischere Beziehungen zu unseren Mitmenschen, reichliche Kreativität bei der Arbeit und in der Freizeit sowie ein längeres und glücklicheres Leben bringen wird.

Eknat Easwaran, So öffnet sich das Leben

Die Entdeckung der Langsamkeit

*W*oran lag es? Vielleicht war es eine Art Kälte. Menschen und Tiere wurden starr, wenn sie froren. Oder es war wie bei den Leuten aus Ing Ming, die Hunger hatten. Er bewegte sich stockend, also fehlte ihm irgendeine besondere Nahrung. Er mußte sie finden und essen. John saß, während er das dachte, oben im Baum neben der Straße nach Partney. Die Sonne beschien Spilsbys Kaminröhren, und die Uhr von St. James, eben nachgestellt, zeigte vier Stunden nach Mittag. Große Tiere, dachte John, bewegen sich langsamer als Mäuse oder Wespen. Vielleicht war er ein heimlicher Riese. Scheinbar war er klein wie die anderen, aber er tat gut daran, sich vorsichtig zu bewegen, um niemanden totzutreten.

Er stieg wieder hinunter und wieder hinauf. Es ging wirklich zu langsam: die Hand griff nach dem Ast und fand Halt. Jetzt hätte er aber schon längst den nächsten Ast im Blick haben müssen. Was tat das Auge? Es blieb bei der Hand. Es lag also am Schauen. Den Baum kannte er schon sehr gut, aber schneller ging es trotzdem nicht. Seine Augen ließen sich nicht hetzen.

Wieder saß er in der Astgabel. Viertel nach vier. Er hatte ja Zeit. Ihn suchte keiner, höchstens Sherard, und der fand ihn nicht. Heute morgen die Kutsche! Mit starrem Blick hatten ihn die Geschwister angesehen, als er hineinkletterte, denn sie waren ungeduldig, und sie waren nicht gern seine Geschwister. John wußte, daß er seltsam aussah, wenn er etwas in Eile tat. Schon wegen der weit aufgerissenen Augen. Für ihn konnte sich der Türgriff plötzlich in eine Radspeiche oder in den Schwanz eines Pferdes verwandeln. Die Zunge im Mundwinkel, die Stirn gespannt, der Atem keuchend, und die anderen sagten: „Er buchstabiert wieder!" So nannten sie seine Bewegungen, Vater selbst hatte den Ausdruck aufgebracht.

Er schaute zu langsam. Blind sähe es besser aus. Er hatte eine Idee! Er stieg wieder hinunter, legte sich auf den Rücken und lernte die ganze Ulme auswendig, jeden Ast, jeden Handgriff von unten her. Dann band er sich einen Strumpf ums Gesicht, tastete nach dem untersten Ast und bewegte seine Glieder aus dem Kopf, während er laut zählte. Die Methode war gut, aber etwas gefährlich. Er beherrschte seinen Baum doch noch nicht, es passierten Fehler. Er nahm sich vor, so schnell zu werden, daß der Mund mit dem Zählen nicht mitkam.

Fünf Stunden nach Mittag. Er saß keuchend und schwitzend in der Astgabel und schob den Strumpf in die Stirn hinauf. Keine Zeit verlieren, nur etwas verschnaufen! Der schnellste Mann der Welt würde er bald sein, sich aber noch listig verstellen, als habe sich nichts geändert. Zum Schein würde er immer noch träg hören, zäh sprechen, das Gehen buchstabieren und überall kümmerlich nachklappen. Aber dann käme eine öffentliche Vorführung: „Keiner ist schneller als John Franklin."

Sten Nadolny, Die Entdeckung der Langsamkeit

Keine Zeit verlieren

*A*ls der Meister hörte, daß ein Wald in der Nachbarschaft durch Feuer vernichtet worden war, mobilisierte er alle seine Schüler.
„Wir müssen die Zedern wieder anpflanzen", sagte er.
„Die Zedern", rief ein Schüler ungläubig aus, „die brauchen doch 2000 Jahre zum Wachsen."
„In diesem Fall", sagte der Meister, „gilt es, keine Minute zu verlieren. Wir müssen sofort damit anfangen."

Anthony de Mello, Eine Minute Unsinn

Zu schnell

*E*in junger Manager rief eines Tages seinen Auslandsvertreter an und sagte kurz angebunden: „Ich rufe an, weil ich Anweisungen geben will. Der Anruf wird nur drei Minuten dauern. Ich werde sprechen und bitte Sie, nicht zu unterbrechen. Irgendwelche Anmerkungen dazu oder Fragen kabeln Sie bitte später."
Dann begann er, seine Anweisungen durchzugeben. Er tat das so schnell, daß er schon vor der Zeit fertig war.
„Wir haben noch zwanzig Sekunden übrig", sagte er dem Mann am anderen Ende der Leitung. „Haben Sie etwas dazu zu sagen?"
„Ja", kam die Antwort, „Sie haben so schnell gesprochen, daß ich nicht ein Wort verstehen konnte."

Anthony de Mello, Wer bringt das Pferd zum Fliegen?

*W*er zu rasch redet, gibt eine falsche Antwort.

Altägyptische Lebensregel

Kunstgeheimnis

*E*in Holzschnitzer namens Ching hatte gerade die Arbeit an einem Glockenstuhl beendet. Alle, die ihn sahen, staunten, denn es war ein begnadetes Werk. Als der Herzog von Lu es erblickte, sagte er: „Was ist das für eine Begabung, die Euch ein solches Meisterwerk vollbringen läßt?"

Der Holzschnitzer erwiderte: „Sir, ich bin nur ein einfacher Handwerker, ich bin kein Genie. Wenn ich einen Glockenstuhl machen will, meditiere ich drei Tage, um meine Gedanken zu beruhigen. Wenn ich drei Tage meditiert habe, denke ich nicht mehr an Belohnung oder Vergütung. Wenn ich fünf Tage meditiert habe, denke ich nicht mehr an Lob oder Tadel, an Geschicklichkeit oder Unbeholfenheit. Wenn ich sieben Tage meditiert habe, vergesse ich plötzlich meine Glieder, meinen Körper, ja mein ganzes Selbst. Ich weiß nichts mehr von meinem Arbeitsplatz und meiner Umgebung. Nur mein Können bleibt. In diesem Zustand gehe ich in den Wald und prüfe jeden Baum, bis ich einen finde, in dem ich den Glockenstuhl in seiner ganzen Vollkommenheit sehe. Dann machen sich meine Hände an die Arbeit. Da ich mein Selbst beiseite geschoben habe, trifft Natur auf Natur in der Arbeit, die durch mich getan wird. Das ist zweifellos der Grund, warum jeder sagt, das fertige Produkt sei ein begnadetes Werk."

Anthony de Mello, Warum der Schäfer jedes Wetter liebt

Lauf nicht, geh langsam

Lauf nicht,
geh langsam:
du mußt nur auf dich zugehn!

Geh langsam,
lauf nicht,
denn das Kind deines Ich,
das ewig neugeborene,
kann dir nicht folgen!

Juan Ramón Jiménez, Herz, stirb oder singe

Wer geht, sieht mehr

Ich halte den Gang für das Ehrenvollste und Selbständigste in dem Manne, und bin der Meinung, daß alles besser gehen würde, wenn man mehr ginge. Man kann fast überall bloß deswegen nicht recht auf die Beine kommen und auf den Beinen bleiben, weil man zu viel fährt. Wer zuviel in dem Wagen sitzt, mit dem kann es nicht ordentlich gehen. Das Gefühl dieser Wahrheit scheint unaustilgbar zu seyn. Wenn die Maschine stecken bleibt, sagt man doch noch immer, als ob man recht sehr thätig dabei wäre: Es will nicht gehen. (...) Wo alles zuviel fährt, geht alles sehr schlecht: man sehe sich nur um! So wie man im Wagen sitzt, hat man sich sogleich einige Grade von der ursprünglichen Humanität entfernt. Man kann niemand mehr fest und rein ins Angesicht sehen, wie man soll: man thut nothwendig zuviel, oder zu wenig. Fahren zeigt Ohnmacht, Gehen Kraft.

Johann Gottlieb Seume, Mein Sommer

Der Kardinal im Regen

„Sie brauchen sich nicht zu beeilen", sagte ich in Potsdam zu dem Droschkenkutscher, „wir haben Zeit."

Der Droschkenkutscher drehte sich auf seinem Sitz um und sah mich an; er war ein alter Mann und lachte über das ganze Gesicht: „So etwas", sagte er, „so etwas hat mir in meinem ganzen Leben noch kein Mensch gesagt. Nun fahre ich hier in Potsdam schon vierzig Jahre; aber immer soll es schnell gehen, weil die Herrschaften immer mit dem Zuge von 5 Uhr 45 Minuten zurück wollen."

Es gibt also Herrschaften, die im Potsdamer Park an den Zug von 5 Uhr 45 Minuten denken; auf den großen schlafenden Terrassen der Orangerie.

Aber was für Herrschaften gibt es nicht alles! Ich habe zum Beispiel einmal einen Menschen gesehen, der aß Austern und las dabei die Abendzeitung.

Von dem Kardinal Sainte-Foix erzählt man diese Anekdote: Er erging sich einst, begleitet von seinen Kaplänen, im Parke, als ein gewaltiger Platzregen niederstürzte.

Die Kapläne rafften ihre Röcke hoch und stürzten nach einer Säulenhalle, wo sie gesichert waren; von dort riefen sie dem Kardinal zu: „Hierher, Eminenz, laufen Sie, Sie werden ganz naß."

Sainte-Foix erwiderte: „Ein Kardinal läuft nie", und er schritt langsam zu der Säulenhalle; naß, aber der Kardinal.

Seien wir Kardinäle, Freunde und Freundinnen, auch wenn das Geschäft darunter etwas leiden sollte.

Victor Auburtin, Feuilletons

73

Übung im Innehalten

Die Übung im Innehalten setzt dem Ungestüm der Impulse und der unachtsamen Voreiligkeit eine bewußte Verlangsamung entgegen. Im raschen Tempo unserer Zeit erscheint es freilich kaum angängig, eine Funktionsverlangsamung in den Arbeitstag einzuführen. Doch gerade als Gegenmittel gegen die unheilsamen Folgen der „modernen Hast" ist es geboten, in der Freizeit Verlangsamung und Innehalten bewußt zu pflegen; dies allein schon aus rein praktischen und gesundheitlichen Erwägungen. Denn Verlangsamung hilft körperliche und geistige Spannungen lösen; sie lenkt die Aufmerksamkeit auf die einzelnen Phasen eines komplexen Vorgangs oder einer schwierigen Aufgabe und macht damit solche Vorgänge oder Aufgaben besser verständlich und behandelbar, wodurch sich notwendig Leistungsfähigkeit und Erfolgsaussichten erhöhen.

Für die Zwecke unserer Geistesschulung aber bedeutet die Verlangsamung eine wirksame Schulung in größerer Besonnenheit, Sinnenzügelung und Konzentration. Doch darüber hinaus hat sie noch manche spezielle Bedeutung. Im Kommentar zur Lehrrede lesen wir z. B., wie die Funktionsverlangsamung der *Wiedergewinnung eines verlorenen Meditationsobjektes* dienstbar gemacht wird: Ein Mönch hatte seinen Arm schnell gebeugt, ohne dabei, seiner Übungsregel gemäß, an sein Meditationsobjekt gedacht zu haben. Als er dessen gewahr wurde, nahm er den Arm in die frühere Stellung zurück und wiederholte die Bewegung langsam und besonnen. Sein Meditationsobjekt war offenbar der Lehrreden-Text: „Beim Beugen und Strecken ist er wissensklar in seinem Tun."

Von besonderer Wichtigkeit ist die bewußte Funktionsverlangsamung für die *Klarblicks-Erkenntnis*. Es ist in hohem Grade die Ablaufsgeschwindigkeit der Einzelvorgänge, die den Glauben an die unveränderte Fortdauer und Einheitlichkeit eines komplexen Vorgangs fördert. Daher gehört zu den wirksamsten Übungen die Verlangsamung und Analyse des Gehvorgangs. Dabei merkt man, daß der einzelne Schritt keineswegs eine geschlossene Einheit ist, und es wird zu einem immer stärker werdenden Eindruck, zu beobachten, wie jeder der Teilvorgänge entsteht und schwindet und nicht etwa zur nächsten Phase übergeht.

Über den unmittelbaren Übungszweck hinaus werden die Verlangsamungsübungen auch einen *ruhigeren Durchschnittsrhythmus* im täglichen Handeln, Sprechen und Denken bewirken. Gedanken, Gefühle und Sinneneindrücke werden dadurch die Möglichkeit erhalten, voll auszuklingen, bis zu ihren letzten feinsten Vibrationen. Diese leisen Ausschwingungen werden gewöhnlich unterbrochen durch ein ungeduldiges Greifen nach neuen Eindrücken, bevor die alten voll aufgenommen oder innerlich verarbeitet wurden. Besonders bedenkliche Dimensionen hat dies im modernen Großstadtmenschen angenommen, dessen Unrast nach immer neuen Reizen, in immer schnellerer Aufeinanderfolge verlangt. Dieses Trommelfeuer von Eindrücken stumpft nun wieder seine Sensitivität derart ab, daß die neuen Reize zunehmend stärker und gröber sein müssen, um flüchtige Befriedigung zu geben. Die Folge davon ist, daß bei vielen Zivilisationsmenschen die Empfänglichkeit für feinere ästhetische Werte abgenommen hat und ebenso auch die Fähigkeit zu echter, natürlicher Freude, ohne künstliche Reize. An deren Stelle ist eine kurzatmige Erregung getreten, die keine nachhaltige ästhetische oder gefühlsmäßige Befriedigung hinterläßt. Die Verlangsamung und Beruhigung des Lebensrhythmus, das Tieferwerden des Lebensatems wird sich auch hier wohltätig und glückmehrend auswirken.

Um es nochmals kurz zusammenzufassen, können wir sagen, daß das beobachtende Innehalten die Qualität des menschlichen Bewußtseins in vierfacher Weise beeinflussen und erhöhen kann: 1. seine Intensität, 2. seine Klarheit, 3. seinen Beziehungsreichtum, 4. seine Wahlfreiheit.

1. Ein Gegenstand innehaltender und anhaltender Achtsamkeit wird einen starken und lang währenden Eindruck hinterlassen, nicht nur auf die der jeweiligen Wahrnehmung unmittelbar fol-

gende Gedankenserie, sondern auch in die Zukunft hinein. Es ist diese Wirkungskraft von deutlichen Wahrnehmungen und klaren Gedanken, die der Maßstab für den *Intensitätsgrad* des Bewußtseins ist.

2. Flüchtige Wahrnehmungen oder Erwägungen werden nur den ersten Eindruck oder nur den für den Ichbezug wichtigen erfassen und lassen viele Aspekte des Objekts unbeachtet oder unklar. Dies hat zur Folge, daß das Gesamtbild des materiellen oder geistigen Objekts fragmentarisch oder verschwommen bleibt. Die innehaltende und anhaltende Achtsamkeit aber ergibt ein deutliches und umfassendes Bild des Gegenstandes und erzieht so zu einer wachsenden *Klarheit* der Bewußtseinsfunktion.

3. Wenn das Gesamtbild des Objekts klar und umfassend ist, so wird es auch in seiner reichen *Beziehungsvielfalt* erscheinen. In künstlicher Isolierung kann ein Objekt nie ganz verstanden werden, sondern nur, wenn es als Teil eines Gefüges in seiner bedingten und bedingenden Natur begriffen wird. Neue Zusammenhänge zu sehen, ist die Hauptquelle wissenschaftlicher Entdeckungen und neuer philosophischer Einsichten. Es ist der Sinn für den Beziehungsreichtum von Dingen, Ideen und Situationen, der, über das rein Analytische hinaus, zu einer Verfeinerung der Bewußtseinsqualität und zur Stärkung seines schöpferischen Vermögens führt.

4. Das beobachtende Innehalten zeigt dem Menschen *Wahlmöglichkeiten,* die er nicht sehen kann, wenn er von Impulsen getrieben oder durch Vorurteile beeinflußt ist. Das reine Beobachten erweitert somit den Bereich menschlicher Freiheit, indem es sittliche und andere für das Wohl des einzelnen und der Menschheit wichtige Entscheidungen ermöglicht, wo sonst blindes Vorurteil und eingeübte egozentrische Reaktionen die unbestrittene Herrschaft hatten.

Nyanaponika, Geistestraining durch Achtsamkeit

Rede über das achtsame Essen der Mandarine

„*E*ßt ihr eine Mandarine achtsam, so ist euch bewußt, daß ihr eine Mandarine eßt. Ihr erfahrt vollkommen ihren lieblichen Duft und ihren süßen Geschmack. Schält ihr die Mandarine, so wißt ihr, daß ihr eine Mandarine schält. Nehmt ihr ein Stück und steckt es in euren Mund, so wißt ihr, daß ihr ein Stück nehmt und es in euren Mund steckt. Empfindet ihr den lieblichen Duft und den süßen Geschmack, dann wißt ihr, daß ihr den lieblichen Duft und den süßen Geschmack empfindet. Die Mandarine, die Nandabala mir reichte, hatte neun Teile. Jeden Bissen aß ich ganz bewußt und achtsam, und so erlebte ich, wie kostbar und wundervoll er war. Ich vergaß die Mandarine nicht, und daher wurde sie für mich etwas sehr Wirkliches. Ist die Mandarine wirklich, dann ist der Mensch, der sie ißt, auch wirklich. Das bedeutet, eine Mandarine mit Achtsamkeit zu essen.

Was bedeutet es, eine Mandarine ohne Achtsamkeit zu essen? Eßt ihr eine Mandarine so, dann ist euch nicht bewußt, daß ihr eine Mandarine eßt. Ihr empfindet nicht ihren lieblichen Duft und ihren süßen Geschmack. Schält ihr die Mandarine, so wißt ihr nicht, daß ihr eine Mandarine schält. Nehmt ihr ein Stück und steckt es in euren Mund, so wißt ihr nicht, daß ihr ein Stück nehmt und es in euren Mund steckt. Riecht ihr den Duft der Mandarine und schmeckt ihr sie, so wißt ihr nicht, daß ihr den Duft der Mandarine riecht und sie schmeckt. Eßt ihr die Mandarine auf diese Weise, so könnt ihr nicht ihre kostbare, wundervolle Natur wertschätzen. Ist euch nicht bewußt, daß ihr eine Mandarine eßt, so ist die Mandarine nicht wirklich. Ist die Mandarine nicht wirklich, dann ist auch die Person, die sie ißt, nicht wirklich. Das bedeutet, Kinder, eine Mandarine ohne Achtsamkeit zu essen.

Kinder, eine Mandarine achtsam zu essen bedeutet, wirklich in Berührung mit ihr zu sein, während ihr sie eßt. Euer Geist jagt nicht den Gedanken von gestern oder morgen hinterher, er bleibt vielmehr vollkommen im gegenwärtigen Moment. Die Mandarine ist wirklich gegenwärtig. In Achtsamkeit und Bewußtheit leben bedeutet im gegenwärtigen Moment leben; euer Geist und Körper verbleiben wirklich im Hier und Jetzt.

Ein Mensch, der achtsam ist, kann Dinge in der Mandarine sehen, die andere nicht erkennen können. Ein bewußter Mensch kann den Mandarinenbaum sehen, die Mandarinenblüte im Frühling, das Sonnenlicht und den Regen, die beide die Mandarine nährten. Schaut ihr ganz genau, könnt ihr die zehntausend Dinge sehen, die die Mandarine möglich gemacht haben. Betrachtet ein Mensch eine Mandarine mit Bewußtheit, so kann er alle Wunder dieses Universums darin erkennen; ebenso kann er sehen, wie die Dinge aufeinander einwirken. Kinder, unser tägliches Leben kann man gut mit einer Mandarine vergleichen. So wie eine Mandarine aus einzelnen Stücken besteht, so besteht ein Tag aus vierundzwanzig Stunden. Eine Stunde ist wie ein Stück der Mandarine, und die vierundzwanzig Stunden eines Tages zu leben ist wie das Essen aller Mandarinenstücke. Der Pfad, den ich gefunden habe, ist der Pfad, jede Stunde des Tages in Bewußtheit zu leben, mit Geist und Körper im gegenwärtigen Moment zu leben."

Thich Nhat Hanh, Alter Pfad, Weisse Wolken

Anleitung zum langsamen Gehen

Gehmeditation ist eine Meditationsübung im Gehen. Sie kann dir Frieden bringen, während du sie übst.

Wenn du Gehmeditation übst, mache langsame, entspannte und ruhige Schritte, und laß ein „Halb-Lächeln" auf deinem Gesicht sein.

Du solltest gehen wie jemand, der völlige Ruhe hat und gänzlich unbeschäftigt ist. Während du solche Schritte machst, laß alle Sorgen, alle Trauer von dir abfallen. Um voller Frieden zu sein, mußt du fähig werden, so zu gehen.

Es ist überhaupt nicht so schwer, du kannst es. Jeder Mensch kann es, wenn er oder sie wirklich in Frieden sein möchte.

In unserem geschäftigen Leben fühlen wir uns oft abgehetzt und unter Zeitdruck. Meist sind wir in Eile. Aber wo hetzen wir eigentlich immerzu hin? Das ist eine Frage, die wir uns nur sehr selten stellen.

Gehmeditation ist wie ein Spaziergang, wir haben dabei nicht die Absicht, einen bestimmten Ort innerhalb einer bestimmten Zeitspanne erreichen zu wollen.

Zweck der Gehmeditation ist die Gehmeditation selbst. Entscheidend ist das Gehen, nicht das Ankommen, denn Gehmeditation ist kein Mittel, es ist das Ziel selbst.

Jeder Fußschritt ist Leben; jeder Fußschritt ist Frieden.

Das ist der Grund, warum wir nicht zu eilen haben; darum verlangsamen wir unsere Schritte.

Geh, aber geh nicht. Geh, aber laß dich durch nichts antreiben, was immer es auch sei.

So wird, wenn wir gehen, wie von selbst ein „Halb-Lächeln" auf unserem Gesicht sein.

Wähle einen ruhigen Weg, in einem Park, einem Wald, an einem Flußufer, wo du üben kannst. Gut ist es, wenn der Weg nicht zu uneben oder zu steil ist.

Es gibt Menschen, die Gehmeditation in Konzentrationslagern üben, andere tun dies in engen, dunklen Gefängniszellen.

Wenn du übst, verlangsame deine Schritte und richte deine ganze Aufmerksamkeit auf diese Schritte. Sei dir jedes Schrittes bewußt.

Geh behutsam und ruhig.

Geh wie ein Buddha.

Setze beim Gehen deinen Fuß behutsam, aber doch zuversichtlich auf die Erdoberfläche, gleich wie ein König sein Siegel auf einen königlichen Erlaß setzt.

Das Siegel auf einem königlichen Erlaß kann für das Volk Frieden, es kann aber auch sehr viel Leid bedeuten.

Dasselbe gilt für deine Schritte.

Eine friedliche Welt hängt davon ab, ob du friedvoll gehen kannst oder nicht.

Alles hängt von einem einzigen deiner Schritte ab.

Wenn du nämlich einen friedvollen Schritt machen kannst, bist du auch fähig, zwei zu machen.

Schließlich kann jeder deiner Schritte voller Frieden sein.

Achtsames Atmen ist etwas anderes als regelmäßiges Atmen. Achtsames Atmen bedeutet, daß du, während du atmest, weißt, daß du atmest. Wenn du einen langen Atemzug machst, weißt du, daß es ein langer Atemzug ist, und genauso ist es bei einem kurzen Atemzug. Wenn du sanft atmest, bist du dir bewußt, daß du sanft atmest.

Vielleicht ist dir unklar, wie du zur gleichen Zeit sowohl der Atmung als auch dem Gehen aufmerksam folgen kannst.

Mit Hilfe der Methode des Zählens ist es möglich, Atmung und Gehen zu vereinen. Wir zählen dabei die Schritte. Mit anderen Worten: Wir messen die Länge der Atemzüge an der Zahl der Schritte.

Wie viele Schritte machen wir bei der Einatmung, wie viele Schritte machen wir bei der Ausatmung?

Diese Methode benutze ich seit ungefähr fünfzehn Jahren; ich möchte sie gerne mit dir teilen, damit du sie ausprobieren kannst. Verlangsame deine Schritte, aber werde nicht zu langsam, und atme ganz normal. Versuche nicht die Länge deines Atems auszudehnen oder zu beeinflussen. Geh für ein paar Minuten in dieser Weise.

Dann beginne darauf zu achten, wie viele Schritte du machst, während du einatmest. Auf diese Weise ist deine Aufmerksamkeit sowohl auf die Atmung als auch auf das Gehen gerichtet. Dein

„Halb-Lächeln" ist tief verbunden mit der Ruhe deiner Schritte und deiner Atmung.

All dies ist sowohl Gegenstand der Aufmerksamkeit als auch der Weg, Aufmerksamkeit und Frieden zu bewahren.

Nach einigen Stunden ernsthafter Übung wirst du sehen, daß alle vier – Atem, Anzahl, Schritt und „Halb-Lächeln" – zusammenwachsen und einen Zustand entspannter Aufmerksamkeit bewirken.

Das ist Bewußtheit, das ist Weisheit.

Friedliche und entspannte Schritte auf dieser Erde zu machen, das ist ein Wunder. Einige Leute meinen, daß nur Laufen auf brennenden Kohlen, auf Nägeln oder auf Wasser als Wunder bezeichnet werden kann.

Aber ich glaube, daß das Laufen auf der Erde schon ein Wunder ist..Neige Marchand hat für die Übersetzung des Buches „The Miracle of Mindfulness" ins Französische den Titel gewählt: „Le Miracle, c'est de marcher sur terre" (Das Wunder, auf der Erde zu gehen). Ich mag diesen Titel sehr.

Stell dir einmal vor, du und ich, wir seien Astronauten. Wir sind auf dem Mond gelandet und können nicht zur Erde zurückkehren, da die Antriebsmotoren unseres Raumschiffes nicht mehr funktionieren und wir keine Möglichkeiten haben, sie zu reparieren. Vom Kontrollzentrum erfahren wir, daß man uns kein anderes Raumschiff rechtzeitig schicken kann, um uns noch zu retten, und wir wissen sehr gut, daß wir in zwei Tagen sterben werden, da unsere Sauerstoffvorräte dann verbraucht sind. In diesem Moment wünschen du und ich uns nichts sehnlicher, als auf unseren wunderbaren Planeten zurückkehren zu können und zusammen friedvolle Schritte zu machen. Jetzt, wo wir wissen, daß der Tod unvermeidlich ist, können wir ermessen, wie kostbar die Schritte auf der grünen Erde sind.

Laß uns nun vorstellen, wir seien Astronauten, die überlebt haben und in der Lage waren, auf die Erde zurückzukehren. Wir sind glücklich, friedvoll auf unserem grünen Planeten gehen zu können. Dieses Wunder drücken wir mit jedem unserer Schritte aus.

Das genau ist gemeint mit dem Erblühen einer Lotusblume aus jedem Schritt. Bitte, übe dies und sei dir bewußt, daß du wunderbare Schritte auf der Erdoberfläche machst. Die Erde wird vor deinen Augen und unter deinen Füßen als ein Wunder erstehen.

Mit dieser Achtsamkeit, mit dieser Methode der Konzentration kannst du dich glücklich und frei auf der Erde bewegen.

Versuch einmal wie ein Kind, während es spielt, mit nur einem Fuß auf der Erde zu stehen. Du kannst dann unter deinem Fuß die ganze runde Erde sehen. Während du gehst, kannst du auch deinen Blick senken und den Boden klar vor dir sehen, auf den du deinen Fuß setzen willst. Gehst du achtsam auf diesem Boden, so bist du dir zur selben Zeit der Erde und deines Fußes bewußt. Mit deinem geistigen Auge kannst du sehen, daß dein Fuß ein königliches Siegel ist. Gehst du in der Meditationshalle, so kannst du jeden dieser Sätze zum Thema der Meditation machen: „das Siegel eines Königs", „eine Lotusblume erblüht aus jedem Schritt", und „die Erde ersteht".

Thich Nhat Hanh, Anleitung zur Gehmeditation

Aufwärts

*J*a, Schnecke,
besteig den Fudschijama.
Aber langsam,
ganz langsam!

Japanisch

4
Unterbrechung ist ein Anfang des Glücks
Vom Nutzen der nutzlosen Auszeit

Die Arbeit ist heilig;
aber selig, wer sich davor hütet.

Alter Spruch

Gott achtet mich, wenn ich arbeite,
aber er liebt mich, wenn ich singe.

Rabindranath Tagore

Beim Nichtstun bleibt nichts ungetan.

Laotse

Verlorene Zeit überholt sich nie.
Sie findet sich immer wieder. Nur
verlorene Zeit erfindet und erschafft.

Guy Lagorce

Heiliger Tag

Sechs Tage darfst du schaffen und jede Arbeit tun. Der siebte Tag ist ein Ruhetag, dem Herrn, deinem Gott, geweiht. An ihm darfst du keine Arbeit tun: du, dein Sohn und deine Tochter, dein Sklave und deine Sklavin, dein Vieh und der Fremde, der in deinen Stadtbereichen Wohnrecht hat. Denn in sechs Tagen hat der Herr Himmel, Erde und Meer gemacht und alles, was dazugehört; am siebten Tag ruhte er. Darum hat der Herr den Sabbattag gesegnet und ihn für heilig erklärt.

Exodus 20,8–11

Keine Zeit

Jesus erzählte ihnen noch ein anderes Gleichnis: Mit dem Himmelreich ist es wie mit einem König, der die Hochzeit seines Sohnes vorbereitete. Er schickte seine Diener, um die eingeladenen Gäste zur Hochzeit rufen zu lassen. Sie aber wollten nicht kommen. Da schickte er noch einmal Diener und trug ihnen auf: Sagt den Eingeladenen: Mein Mahl ist fertig, die Ochsen und das Mastvieh sind geschlachtet, alles ist bereit. Kommt zur Hochzeit! Sie aber kümmerten sich nicht darum, sondern der eine ging auf seinen Acker, der andere in seinen Laden, wieder andere fielen über seine Diener her, mißhandelten sie und brachten sie um. Da wurde der König zornig; er schickte sein Heer, ließ die Mörder töten und ihre Stadt in Schutt und Asche legen. Dann sagte er zu seinen Dienern: Das Hochzeitsmahl ist vorbereitet, aber die Gäste waren es nicht wert (eingeladen zu werden). Geht also hinaus auf die Straßen und ladet alle, die ihr trefft, zur Hochzeit ein.

Matthäus 22,1–9

Festtage

*W*ie man fruchttragenden Äckern keine Gewalt antun darf, weil eine fortwährende Fruchtbarkeit sie rasch erschöpfen würde, so hemmt den Schwung des Geistes ununterbrochene Arbeit. Man bekommt wieder frische Kraft, wenn man ein wenig geruht und sich erholt hat. Aus der unaufhörlichen Arbeit entsteht eine gewisse Abspannung und Ermüdung. Spiel und Scherz haben eine natürliche Berechtigung, darum strebt der Mensch so begierig danach; ein zu häufiger Genuß aber raubt dem Geiste allen Ernst und alle Kraft. Auch der Schlaf ist zur Erholung nötig; würde man aber Tag und Nacht fortschlafen, so wäre er Tod. Es ist ein Unterschied zwischen Nachlassen und Ganzaufgeben. Die Gesetzgeber haben Festtage eingeführt, daß die Leute allgemein zur Fröhlichkeit gezwungen würden; damit schoben sie zwischen die Arbeiten eine notwendige Erholung ein. Manche großen Männer richteten sich jeden Monat bestimmte Feiertage ein; andere teilten jeden Tag zwischen Ruhe und Geschäften.

Seneca, Von der Gemütsruhe

Nie wieder

*W*enn du die Zeit
nicht zur Aufheiterung deiner Seele verwendest,
wird sie entschwinden,
und du wirst entschwinden,
und ein zweites Mal
wird es nicht möglich sein,
sie zu verwenden.

Marc Aurel

Verehrung

Laß uns, da wir der Zeit nicht nachlaufen können, wenn sie vorüber ist, sie wenigstens als eine schöne Göttin, indem sie bei uns vorüberzieht, fröhlich und zierlich verehren.

Johann Wolfgang von Goethe, Wilhelm Meisters Lehrjahre

Ungestört, ungenutzt

Einen Tag ungestört in Muße zu verleben heißt: einen Tag lang ein Unsterblicher zu sein.

Die Zeit ist von Wert, weil man sie nicht verwertet – Muße innerhalb der Zeit ist wie eine unausgenützte Bodenfläche in einem Zimmer.

China

Provokation

Unmöglich, sagte ein Redakteur unlängst, als ich ihm vorschlug, Soloaufnahmen des Trompeters und Multiinstrumentalisten Leo Smith in einer meiner Sendungen vorzustellen. Wir stoppten die Bänder. Mittendrin gab es bis zu dreizehn Sekunden Stille. Sind Sie wahnsinnig, fauchte der Redakteur, dreizehn Sekunden Pause, da segelt uns doch der Sender ab. Pause oder Stille, das ist hier die Frage. Früher gab es für die Pausen das Pausenzeichen. Heute wird alles dicht aneinandergefahren. Stille als Ausnahmezustand in einer mit Musik akustisch tapezierten Umwelt. In der Stimme des Redakteurs begann sich Angst zu spiegeln: Bei dreizehn Sekunden Stille könnte sich ein Alarmaggregat einschalten. Hörer X könnte die Kaffeetasse aus der Hand fallen; Hörerin Y hätte Anlaß, an der

Existenz des Senders, ja letztlich an der öffentlich-rechtlichen Ordnung zu zweifeln. Stille als Bedrohung, als unerhörte Provokation.

Dr. Murke, murmelte ich beiläufig. Und das verstand nur die der Szene beiwohnende Technikerin, Nachkriegsgeneration, noch aufgewachsen mit den frühen Erzählungen von Heinrich Böll. In Bölls „Doktor Murkes gesammeltes Schweigen" schneidet ein Radiomann Schweigen aus den Vorträgen, um es dann aneinanderzureihen und sich daran zu ergötzen. „Ach Rina", sagt der Held in Bölls Geschichte, „wenn du wüßtest, wie kostbar mir dein Schweigen ist. Abends, wenn ich müde bin, wenn ich hier sitzen muß, lasse ich mir dein Schweigen ablaufen." Und er fleht Rina an, ihm drei Minuten Band zu beschweigen.

Beschweigen, dieser glänzende Neologismus Heinrich Bölls, scheint in Zeiten omnipräsenter Beschallung obsolet geworden zu sein. Die Abwesenheit von Wort, Klang oder Geräusch erzeugt nachgerade Unsicherheiten, wenn nicht gar Angstzustände. Das dramaturgische Mittel der Pause droht dem Bewußtsein zu entschwinden. Schweigen gilt in einer vom Aktionismus besetzten Zeit als Zeichen der Unterlegenheit. Die Zen-Weisheiten, modisch aufgespült in den sechziger Jahren, sind den Bach hinuntergeflossen. John Cage, noch immer gern vom Feuilleton zitiert, wird selten beim Wort genommen. Stille als Bewußtseinszustand oder als Nichtbewußtsein läßt sich im Kontext der Zweckrationalität nicht mehr unterbringen.

Leo Smith spricht vom kreativen Improvisator, von der kreativen Improvisatorin im Zusammenhang mit der spontanen Organisation von Klang, Stille und Rhythmus. Nachdem sich die Beschäftigung mit der Musik im Medienzeitalter mehr und mehr von der Spielpraxis auf die Rezeption verlagert hat, wäre auch im Umgang mit den ständig verfügbaren Schallquellen eben das neu zu lernen: kreativer Umgang mit Grundelementen wie Klang, Stille und Rhythmus. Erst die Befreiung vom Druck, Klang permanent wahrzunehmen, weist in die Räume, wieder verantwortungsbewußt mit diesem umzugehen. Über die Youngsters mit ihrem Technosound im Walkman die Nase zu rümpfen, erscheint billig. Nicht wenige von ihnen suchen wohl in der Phon-Ekstase eine akustische Gegenwelt zum emotionslosen Mezzoforte des von Musik eingerahmten Alltagslebens. Die zunehmende Verdichtung und Verstärkung von Sounds gerät nahe an ihr Gegenteil, die Stille.

Wohin, fragte ich den Radioredakteur, soll etwas nachklingen, wenn es keine Stille mehr gibt? Welche Verarmung droht uns, wenn jeder etwas besprechen, aber keiner mehr etwas beschweigen kann? Hat Cages „4′33″, Tacet für jedes beliebige Instrument oder jede beliebige Kombination von Instrumenten, eine Chance, von Nachgeborenen nicht nur als Gag aufgefaßt zu werden? Könnte es sein, daß wir in Musikboxen einst Geld einwerfen, um nichts zu hören? Und wir wissen doch, daß es nie nichts zu hören gibt, daß die ereignislose akustische Leere eine Fiktion ist. Den Frequenzen des eigenen Herzschlages und denen unserer höheren Nerventätigkeit können wir auch im stillen Schweigen nicht entgehen. Vielleicht gut, daß ich Leo Smith nicht dort gesendet habe, wo er sich versendet hätte.

Bert Noglik, Doktor Murke und Mister Smith

Zeitansage

*I*mmer wenn ich Musik im Radio höre
classical one-o-four-point-three
habe ich Angst vor den Pausen
wird meine Zunge trocken
hör ich die Stille
hör ich die Leere
in einer Zeit
die nicht mir gehört
und nicht Johann Sebastian oder Johannes
oder dem kleinen traurigen Franz aus Wien

Eine kleine Zeit
in der ich zu atmen vergesse
weil ich Angst habe
daß gleich der Wallstreetreport über mich herfällt
und schreckliche Ratschläge
was ich kaufen
wo ich essen
wie mein Geld anlegen soll
auf mich einschlagen

Es ist mir als müßt ich
meine Freunde beschützen
den Johannes aus Hamburg
und Ludwig aus Bonn
und den Philipp Emanuel
(mein Gott der war doch schon melancholisch genug)

Ich glaub euch ja
daß ihr sie liebt
aber beschützen möcht ich sie doch
vor eurem Terror
zu kaufen zu essen und Geld anzulegen

Und die kleine stille Zeit
ich denk mir die Kollegen
vom classical one-o-four-point-three
könnten sie brauchen
weil vergebt mir wir brauchen Zeit
einander zu lieben
gerade den Gustav und den Robert
und alle die etwas wußten
von der Stille nach dem letzten Ton
von der seltsamen Zeit

die niemandem gehört
absolut frei ist
falls ihr das Wort versteht

Dorothee Sölle, Zeitansage

Pausenqualität

*B*ei den Griechen waren Pausen zentrale Teile ihrer individuellen, sozialen und kulturellen Existenz. Für sie stellten die Pausen eine unverzichtbare Lebensqualität dar. Sie waren ihnen so wichtig, daß sie dafür den ersten Streik der (uns überlieferten) Geschichte riskierten: Es war Aristos, der im Jahre 309 vor Christus für seine Musiker mehr Pausen verlangte.

Auch die Römer wußten um die Produktivität von Pausen. Cicero läßt im zweiten Buch seiner Schrift „Über den Redner" den damals berühmten Anwalt Crassus ein Plädoyer gegen die zwanghafte Arbeitsauffassung seines Schwiegervaters, des Juristen Scaevola, halten: „Stelle dir doch nur vor, Scaevola, es kommt einmal dahin, daß schließlich kein Testament mehr ordentlich abgefaßt ist, mit Ausnahme einzig derer, die du selbst ausgefeilt hast. Alle insgesamt werden wir Mitbürger mit unseren Verfügungen dann nur noch zu dir kommen wollen; allen insgesamt wirst dann du ganz allein die Testamente ausarbeiten müssen. Wohin führt das? Wann wirst du dann noch deine öffentlichen Verpflichtungen erfüllen können? Wann den Verpflichtungen gegenüber deinen Freunden nachkommen? Wann dich mit deinen persönlichen Angelegenheiten befassen? Und schließlich: Wann wirst du dir dann noch jemals leisten können, auch einmal einfach nichts zu tun? Mir scheint nämlich selbst ein freier Bürger nicht wirklich frei zu sein, der nicht irgendwann auch einmal einfach nichts tut" (Cicero, De oratore 2, 6, 24).

Pausen, dies zeigen uns diese Episoden, sind Zustände, in denen der Prozeß eines Geschehens angehalten oder unterbrochen wird – letztlich, um mit seinem Fortgang verbunden zu werden.

Auch wenn das Wichtigste zweifelsohne zwischen den Pausen liegt, so sind diese doch unverzichtbar, damit es überhaupt etwas dazwischen gibt. Die Pausen sind die Zwischenräume im Lattenzaun, der ohne diese ja nicht existieren würde...

Pausen setzen einen Verlauf voraus. Diesen unterbrechen sie und sind hierdurch Teil desselben. Daher sind Pausen nicht das Nichts, vielmehr sind sie bedeutsame, d. h. gefüllte, Leerstellen. Pausen schaffen notwendige Ordnung innerhalb von Zuständen und geben damit Orientierung, sowohl bei der Betrachtung von Naturprozessen als auch bei der Gestaltung des Sozialen. Sie ermöglichen Trennung, Wechsel, Übergang.

Ohne Pausen wüßten wir nicht, daß etwas aufhört, und auch nicht, daß etwas Neues anfängt. Ohne Pausen gäbe es keine Wiederholung, kein „Wieder-her-Holen". Das pausenlose Leben gliche einem Automaten, dessen Existenz sich in der Hetze verausgabte. Pausenlos würden die „Lebenden" ortlos im Fluß der Zeit umherirren, die Musik wäre nur Lärm, die Kommunikation unaufhörliche Dauerbelästigung.

Goethe hat bereits 1814 darauf hingewiesen: „So wie die Pausen eben so gut zum musicalischen Rhythmus gehören als die Noten, eben so mag es auch in freundschaftlichen Verhältnissen nicht undienlich seyn, wenn man eine Zeitlang sich wechselseitig mitzutheilen unterläßt."

Pausenlosigkeit bedeutet Formlosigkeit. Pausen sind Teil der schöpferischen Naturdynamik, und sie sind unverzichtbarer Bestandteil von sozialer und kultureller Organisation. Die biologischen Reifungsprozesse geschehen in Schüben, die durch Phasen der Ruhe erst erkennbar und erfahrbar werden. Der fürs Leben fundamentale Vorgang des Atmens vollzieht sich in einem gesetzmäßigen Rhythmus von Einatmung – Ausatmung – Ruhepause. Unsere

Existenz pulsiert im Rhythmus von Schlafen und Wachen. Alle Gesellschaften kennen sozial organisierte Ruhephasen, und sie kennen Zeiten der Anspannung und Zeiten der Entspannung. Pausen sind eine markante Zeitgestalt des Lebendigen. Sie sind die Atempausen, in denen man zum Atmen kommt. Das heißt aber auch, daß wir die vitalen Grundlagen unserer individuellen und unserer sozialen Existenz zerstören, wenn wir die Ruhe ignorieren und in der Pausenlosigkeit unser anzustrebendes Ideal sehen.

Es gibt Anhaltspunkte für die Vermutung, so Sloterdijk, „daß ein guter Teil des wirklichen Lebens sich nicht auf dem Spielfeld, sondern im Seitenaus abspielt, nicht während des Hauptprogramms, sondern in der Pause".

Die Pause ist ein Naturphänomen, und – das ist nicht unabhängig davon – sie ist eine Kulturleistung. Wir kennen keine Gesellschaft, keine soziale Gemeinschaft, in der es keine Pausen gibt. Sie sind notwendig, um sich in dieser Welt zu lokalisieren, denn erst die Unterbrechung macht den Raum zum Ort.

„Wenn wir uns den Raum als das vorstellen, was Bewegung ermöglicht, dann ist der Ort eine Pause; jede Pause in der Bewegung macht es möglich, die jeweilige Stelle, an der man sich gerade befindet, in einen Ort zu verwandeln" (Tuan).

Nur so können wir „verweilen" – ein schöner, treffender Begriff, der das Zeitliche und auch die Ortsgebundenheit ausdrückt. „Gut Ding will Weile haben" – die Volksweisheit weiß um die Wichtigkeit der Pause. Heute hingegen ignorieren wir solche Erkenntnis und leben nach dem gegenteiligen Prinzip, das da heißt: „gut Ding will Eile haben". „Verweilen" bedeutet, einen Platz in der Welt gefunden zu haben (einen Weiler), an dem es sich gut ruhen läßt, an dem man Kraft sammeln kann, bevor man sich irgendwann wieder zu anderen Orten und weiteren Taten aufmacht. Es meint, eine Heimat, einen Ort und die Zeit zu haben. Dies macht sicher und frei. Mag sein, daß so etwas in einer Zeit der Hochgeschwindigkeitsverkehrsmittel, in der wir zum permanenten Unterwegssein und zur steten

Fortbewegung verdammt sind, verschroben altertümlich klingt – aber ist es deshalb falsch? Merken wir nicht bei unserer manischen Herumreiserei immer mehr, immer deutlicher unsere unerfüllte Sehnsucht nach dem Verlorenen, dem ursprünglichen Zweck des Reisens: anzukommen und zu verweilen? Es ist eine falsche Vorstellung, daß man beim Verweilen Zeit verliert, man gewinnt auch keine – man lebt sie. „Verweile doch, du bist so schön!" Das ist erfüllte, nicht gefüllte Zeit, das ist nicht Unterhaltung, das ist Glück, das ist Zeit, die sich der Quantifizierung entzieht.

In den Pausen steht die Uhr – die Zeit aber, sie läuft weiter. Daher lebt das Leben in den Pausen. „Beim Nichtstun", so hat es Laotse treffend paradox formuliert, „bleibt nichts ungetan."

Pausen, das wissen wir aus den Schulerfahrungen, sind nahrhaft. Die von unseren Müttern liebevoll belegten Pausenbrote haben uns dies immer wieder erleben lassen.

Sie sind Zeiträume fürs Nachdenken, für das Vorausdenken, Abschalten und Verarbeiten. Sie entdichten das Leben. Ohne Pausen gäbe es nur das andauernde Weitermachen, es gäbe keinen Abschluß mit einem absehbaren Wiederanfang. Sie sind Abstandhalter, Lücken zwischen Gewesenem und Zukünftigem ...

„Es gibt für uns zweierlei Wahrheit, so wie sie dargestellt wird durch den Baum der Erkenntnis und den Baum des Lebens. Die Wahrheit des Tätigen und die Wahrheit des Ruhenden. In der ersten teilt sich das Gute vom Bösen, die zweite ist nichts anderes als das Gute selbst, sie weiß weder vom Guten noch vom Bösen. Die erste Wahrheit ist uns wirklich gegeben, die zweite ahnungsweise. Das ist der traurige Anblick. Der fröhliche ist, daß die erste Wahrheit dem Augenblick, die zweite der Ewigkeit gehört, deshalb verlischt auch die erste Wahrheit im Licht der zweiten." So Kafkas Eintrag in seinem vierten Oktavheft am 5. Februar 1918, nachdem er im November des vorangegangenen Jahres bereits notiert hatte: „Müßiggang ist aller Laster Anfang, aller Tugend Krönung."

Die Pause ist ein Zeitsofa, auf dem wir uns langmachen, aber auch zusammenrollen können, auf dem wir wachen, schlafen, lieben, träumen und auf dem wir aus dem Totalitarismus der Ereignisse aussteigen dürfen. Auf dieser temporären Liegestatt wird man daran erinnert, daß der Sinn allen Tuns darin besteht, nichts mehr tun zu müssen. Daher die Forderung Benjamins: „Man muß sich nicht die Zeit vertreiben – man muß die Zeit zu sich einladen."

Dies gelingt, wenn man das Nichtstun als wichtigen Teil des Tuns begreift, wenn man Gedanken wie einen guten Wein liegen und reifen läßt. Denn zum Denken, auch dies wieder eine Erkenntnis von Benjamin, „gehört nicht nur die Bewegung der Gedanken, sondern ebenso ihre Stillegung".

Karlheinz A. Geißler, Zeit

Trägheit und Ruhe

*E*in Bruder fragte den Altvater Poimen über die Trägheit. Der Alte antwortete: „Die Trägheit steht vor allem Anfang, und es gibt keine ärgere Leidenschaft als sie. Aber wenn der Mensch erkennt, daß sie es ist, dann kommt er zur Ruhe."

Wüstenväter

Zu faul

*I*ch bin zu faul, die Tao-Klassiker zu lesen, denn Tao ist ja doch keins in diesen Schwarten;
Zu faul, daß ich die Sutras durchgehe, denn Tao ist auch von ihnen keins zu erwarten.
Das Wesen des Tao ist leerer Raum, ein klares, kühles Rund;
Aber was soll mir dieser leere Raum anders, als daß ich dastehe wie ein dummer Hund?
Zu faul bin ich zum Gedichtelesen, denn wenn ich aufhöre, ist mit den Gedichten ja doch sofort Schluß;
Zu faul zum Spielen auf dem Ch'in, weil Musik ja schon beim ersten Klang der Saite sterben muß;
Zu faul zum Weintrinken, denn hinter den Träumen des Trunkenen glänzt's von Seen und Flüssen;
Zu faul zum Schachspielen, wo die Spieler außer auf die Bauern auch auf die anderen Figuren aufpassen müssen;
Zu faul, um auszublicken nach Hügeln und nach Bächen, denn ich habe der Bilder genug in meines Herzens Portalen;
Zu faul, um hinauszugehn zum Wind und zum Mond, denn in meiner Brust seht ihr die Insel der Unsterblichkeit strahlen;
Zu faul, um der Welt zu dienen, denn in mir ist mein Haus und der Besitz, an dem ich hänge;
Zu faul, um den Gang der Jahreszeiten anzusehen, denn in mir ist himmlisches Schaugepränge.
Kiefern mögen fallen, der Fels mag verwittern; aber ich bleibe immer der ich bin.

Po Yüchien, Inschrift über der Halle des müßigen Lebens

Stille und Aktivität

Der Gouverneur unterbrach eine Reise, um dem Meister seine Ehrerbietung zu erweisen.

„Staatsgeschäfte lassen mir keine Zeit für lange gelehrte Abhandlungen", sagte er. „Könntet Ihr das Wesentliche der Religion für einen aktiven Menschen wie mich in einem oder zwei Absätzen zusammenfassen?"

„Ich werde es mit einem einzigen Wort zum Nutzen Eurer Hoheit ausdrücken."

„Unglaublich! Wie lautet dieses außergewöhnliche Wort?"

„Stille."

Ein nicht übertrieben eifriger Schüler klagte, er habe noch nie die Stille kennengelernt, die der Meister stets empfahl.

Sagte der Meister:

„Stille erfahren nur aktive Menschen."

Anthony de Mello

Faulheitsaktivismus

Westliche Faulheit besteht darin, das Leben mit zwanghaften Aktivitäten so vollzustopfen, daß keine Zeit mehr bleibt, sich um die wirklich wichtigen Dinge zu kümmern.

Sogyal Rinpoche

Die Warum-Frage

Ein Tourist befragt einen jungen Mann in Neapel:

„Warum arbeiten Sie eigentlich nicht?"

„Ja, warum sollte ich denn arbeiten?"

„Um Geld zu verdienen, natürlich, und zu sparen!"
„Und warum sollte ich sparen?"
„Zum Teufel, um im Alter nicht mehr arbeiten zu müssen."
„Nun, das tue ich ja jetzt schon nicht, wo ich noch jung bin. Ich lebe."
Anonym

Das Wesentliche

*W*ie die meisten meiner Generation bin ich nach dem Sprichwort „Müßiggang ist aller Laster Anfang" erzogen worden. Da ich ein sehr braves Kind war, glaubte ich alles, was man mir sagte; und so entwickelte sich mein Pflichtgefühl derart, daß ich zeit meines Lebens und bis zum heutigen Tag nicht umhin konnte, immer schwer zu arbeiten. Aber wenn mir auch mein *Handeln* vom Gewissen vorgeschrieben war, so hat sich doch in meinen *Ansichten* eine Revolution vollzogen. Ich glaube nämlich, daß in der Welt viel zuviel gearbeitet wird, daß die Überzeugung, Arbeiten sei an sich schon vortrefflich und eine Tugend, ungeheuren Schaden anrichtet, und daß es nottäte, den modernen Industrieländern etwas ganz anderes zu predigen, als man ihnen bisher immer gepredigt hat. Allgemein bekannt ist ja die Geschichte von dem Reisenden, der in Neapel zwölf Bettler in der Sonne liegen sah (vor Mussolinis Zeit natürlich) und der dem Faulsten eine Lira schenken wollte. Elf sprangen auf und streckten die Hand nach dem Geld aus, weshalb er es dem zwölften gab. Dieser Reisende hatte das Wesentliche erfaßt. Aber in Ländern, denen nicht die Sonne des Südens lacht, ist es schwieriger, müßig sein zu können, und es wird umfassender allgemeiner Propaganda bedürfen, um damit einen Anfang zu machen.

Bertrand Russell, Lob des Müßiggangs

Kinderspiel

*E*in paar kleine Mädchen im Park haben ihre unsterblichen „Kreidekreise" aufs Pflaster gezeichnet und hüpfen von Kästchen zu Kästchen den ausgeworfenen Steinen nach. Sie sind ganz versunken, abgeschlossen von aller Welt und glücklich in ihrer Hingenommenheit. Die Zeit steht still für sie – oder, genauer gesagt, ist mit den Steinen zusammengefallen. Sie ist der Verlauf des Spiels, und Außenwelt und Außenzeit haben unterdessen aufgehört zu sein. Implizit – denn die kleinen Mädchen sind sich dessen ja nicht bewußt – haben auch Schmerz und Tod, die der Außenwelt den Stempel aufdrücken, vor den kleinen Mädchen die Waffen gestreckt. Und sogar der Erwachsene, der vorübergeht und um Schmerz und Tod nur allzu genau Bescheid weiß, auch er ist für einen Augenblick betroffen und einbezogen in die glückliche Immunität des Spiels.

Peter L. Berger, Auf den Spuren der Engel

Tut, als ob stets Sonntag wäre

*A*rbeit läßt sich schlecht vermeiden,
und sie ist der Mühe Preis.
Jeder muß sich mal entscheiden.
Arbeit zeugt noch nicht von Fleiß.

Arbeit muß es quasi geben.
Denn der Mensch besteht aus Bauch.
Arbeit ist das halbe Leben,
und die andre Hälfte auch.

Seht euch vor, bevor ihr schuftet!
Zieht euch keinen Splitter ein.

Wer behauptet, daß Schweiß duftet,
ist (ganz objektiv) ein Schwein.

Zählt die Arbeit zu den Strafen!
Wer nichts braucht, braucht nichts zu tun.
Legt euch mit den Hühnern schlafen.
Wenn es geht: pro Mann ein Huhn.

Manche geben keine Ruhe,
und sie schuften voller Wut.
Doch ihr Tun ist nur Getue,
und es kleidet sie nicht gut.

Laßt euch auf den Sofas treiben!
Gut geträumt ist halb gelacht.
Hände sind zum Händereiben.
Sprecht schon morgens: „Gute Nacht".

Laßt die Wecker ruhig rasseln!
Zeigt dem Krach das Hinterteil.
Laßt die Moralisten quasseln.
Bietet euch nicht täglich feil.

Wozu macht ihr Karriere?
Ist die Erde denn kein Stern?
Tut, als ob stets Sonntag wäre,
denn er ist der Tag des Herrn.

Vieles tun heißt vieles leiden.
Lebt, so gut es geht, von Luft.
Arbeit läßt sich schlecht vermeiden –
doch wer schuftet, ist ein Schuft!

Erich Kästner, Bürger schont eure Anlagen

Aufhören

*E*ine Arbeit ist fertig. Man legt sein Werkzeug weg. Man unterschreibt seine Epistel und steckt sie in den Umschlag. Auch langgezogene Arbeiten sind gewöhnlich in kleinere Einheiten gegliedert, von denen man sagen kann: fertig. Von „vollenden" würde ich da nie sprechen. An was der Mensch letzte Hand legt und was er aus der Hand legt, das hat er recht und schlecht zu Ende gebracht. Er hat getan, was er konnte, und damit Schluß. Er kann aufhören. Damit beginnen die *Kleinen Ferien*.

Oft oder mindestens einmal am Tag hat man die. Diese Art Aufhören ist eine viel luftigere Sache als das, was man gemeinhin unter Urlaub und großen Ferien versteht; sie fächelt mit frischer Brise die hitzigen Arbeitstage, umtänzelt die Beflissenheit des Menschen, dem Arbeit gleich Leben ist.

Aufhören – so erklärt sich das Wort – besagt: „aufhorchend von etwas ablassen". Damit kann auch ein Unterbrechen gemeint sein, welches seine eigene Ehre hat. Das „aufhorchende Ablassen" kann einem Ereignis gelten, das mich plötzlich herausruft. Solchen wichtigen „Gehorsam" meine ich jetzt nicht, sondern nur dieses Aufhören, das sich von selbst „terminiert", das sich mir gibt, weil ich eben mit etwas fertig bin. Und die ganz Schlauen wissen ihre Arbeit in besonders viele Rundungen abzuteilen.

Dieses luftige Vergnügen kann man haben oder nicht. Man kann es „unterdrücken", einfach indem man es nicht wahrnimmt. Denn bei diesem Aufhören gibt es nichts zu vernehmen, nichts zu hören, und ein Vergnügen ist es doch. Ein Vergnügen, das einfacher nicht sein könnte, durchaus konkret abhüpfend vom Sprungbrett und doch selber aus nichts gemacht.

Es fühlt sich an, aber wie? Keiner der fünf Sinne ist zuständig. Wie ein Luftzug sich anfühlt, wie ein Abheben vom Boden. Aber damit habe ich es nicht beschrieben, eher versteckt. Das kommt, weil es immer *dazwischen* ist. Ich wollte es gerne hervorholen und anpreisen als ein Vergnügen, das sich jeder alle Tage leisten kann, aber es ist verschwindend klein und leicht zwischen den beleibten Dingen.

Immerhin, dieses nichtsnutzige Dazwischen ist gratis zu haben, nicht einmal Zeit fürs Nichtstun kostet es.

Nichtstun kostet die großen Ferien, den Urlaub, und was ist es dann? Eine andere, erfreuliche Beschäftigung, kurzweiliger oder gleichförmiger, ein ausgedehntes Ausruhen? Das Nichtstun, das ich listigerweise tagein tagaus zwischen Arbeitsbergen haben kann, ist nichts als ein vergnüglicher Sprung. Ich nehme wahr, daß es keine ununterbrochene Dauer gibt, auch nicht der Arbeit, die angeblich „nicht abreißt". Sondern daß die Wolkendecke sich immer wieder wolkig lockert, daß immer wieder etwas Bestimmtes rund und fertig wird, und wäre es nur das Tagwerk am Abend. Zwischen diesen „Quanten" gibt es also die Sprünge. Im Moment eines Aufhörens komme ich los – ein losgelassener, ausgelassener Moment, wo man ausrufen könnte: fangt mich doch! ... Lebenslust hat sich noch immer gern in Luftsprüngen geäußert.

Auch wenn man das Glück hatte, daß es eine befriedigende, fesselnde Arbeit war, mit der man aufhört, und auch wenn das nächste Stück gar nicht abschreckt, der Moment dazwischen ist unersetzlich. Er verlöre indes seine Sprungfederkraft, wenn er bloß ein Entkommen wäre. Er wäre kein Dazwischen mehr, wenn nachher nicht wieder etwas anfinge. Die Kleinen Ferien wissen nichts davon, sie scheinen vom Aufhören zu leben. Aber davon wären sie keineswegs heiter. Das Ende von etwas, und wäre es von Not und Pein, verschenkt nicht Heiterkeit. Auch das Ende der Nacht macht nicht heiter, sondern der Anfang des Tages macht es. Die Kleinen Ferien, zeitlos und gewichtlos wie sie sind, verfliegen in ein neues Tun hinein, das ihretwegen sich nicht an das vorige anschließt, sondern soeben zur Welt kommt.

Das leichtmütige Vergnügen der Kleinen Ferien, das zwischen den Tätigkeiten herumflattert, hält die Dinge auseinander, schiebt sich dazwischen, ein Luftkissen für Gesichter. Wie sehr alle Dinge Luft zwischen sich brauchen, um sich abzuheben und nicht trübe ineinanderzufließen, wird man vor eitel Drinstecken in der Arbeit nicht immer gewahr; manchmal vielleicht doch, wenn die vergessene Luft zum Bruder Wind wird, der einen leicht spöttisch an die Stirn tippt.

Maria Otto, Aufhören

Ode an die Faulheit

Gestern fühlte ich, die Ode
will nicht aus dem Boden sprießen.
Es war höchste Zeit, sie hätte
zumindest
ein grünes Blatt zeigen müssen.
Ich wühlte die Erde auf: „Steig empor,
Schwester Ode",
sprach ich zu ihr,
„ich habe dich versprochen,
hab keine Furcht,
ich werde dich nicht quälen,
vierblättrige Ode,
vierhändige Ode,
Tee wirst du trinken mit mir.
Steig auf,
ich werde dich krönen unter den Oden allen,
wir werden zusammen ans Ufer
des Meeres auf dem Zweirad fahren."
Fruchtlos war's.
Da zeigte sich die Faulheit
hoch oben in den Pinien,
nackt,
schläfrig mit geblendeten Augen
entführte sie mich,
zeigte mir am Gestade

kleine zerbrochene Stückchen
ozeanischer Stoffe,
Hölzer, Algen, Steine,
Federn von Meeresvögeln.
Ich suchte und fand doch keine
gelben Achate.
Das Meer,
Türme niederreißend,
meiner Heimat Küsten
verheerend,
unaufhörlich Schaumkatastrophen
vor sich hertreibend,
erfüllte den Weltraum.
Einsam am Ufer,
ein Lichtstrahl öffnete
eine Blumenkrone.
Ich sah die silbernen Sturmschwalben kreuzen
und wie schwarze Kreuze
an die Felsen geschmiedet
die Kormorane.
Befreite eine Biene,
die im Spinnennetz mit dem Tode rang,
steckte ein Steinchen
in die Tasche,
sanft fühlte es sich an, ganz sanft
wie eine Vogelbrust,
indes an der Küste miteinander
Sonne und Nebel kämpften
den ganzen Nachmittag lang.
Zuweilen sog sich der Nebel voll mit Licht
wie ein Topas,
dann wieder fiel
ein feuchter Sonnenstrahl

nieder, gelbe Tropfen sprühend.
Am Abend,
an meine Pflicht,
die flüchtige, die Ode denkend,
zog ich am Feuer
meine Schuhe aus,
wischte den Sand von ihnen,
und sogleich sank ich
in Schlaf.

Pablo Neruda, Erklärung einiger Dinge

Nickerchen

*E*inige von den Alten kamen zum Altvater Poimen und sagten zu ihm: „Wenn wir beim Gottesdienst Brüder einnicken sehen, willst du, daß wir ihnen einen Stoß geben, damit sie in der Vigilie wachen?" Er erwiderte: „Wahrlich, wenn ich einen Bruder einnicken sehe, dann leg' ich seinen Kopf auf meine Knie und lasse ihn ruhen."

Wüstenväter

Schläfchen

*K*ein Tag ist so schlecht,
daß er nicht mit einem Schläfchen
verbessert werden könnte.

Carrie Snow

Nach dem Essen

*N*ach dem Essen
einzuschlafen und ein Ochs zu werden
unter den Pfirsichblüten ...

Buson

Von allein

*S*tille sitzend, nichts tuend,
kommt der Frühling,
und das Gras wächst von allein.

Zen-Sprichwort

Vom Lehnstuhl aus

*R*ennt dem scheuen Glücke nach!
Freunde, rennt euch alt und schwach!
Ich nehm Teil an eurer Müh:
Die Natur gebietet sie.
Ich, damit ich auch was tu, –
Seh euch in dem Lehnstuhl zu.

Gotthold Ephraim Lessing

5
DEINEN EIGENEN RHYTHMUS FINDEN
ALLES HAT SEINE BESONDERE ZEIT

Als ich um 10.00 Uhr auf die Uhr schaute,
war es erst halb neun.

Alfred Kerr, Theaterkritiker

Es ist noch nicht so lange her, daß wir Menschen uns wie die
zeitenabhängigen Austern oder die barometrisch reagierenden
Kartoffeln verhielten. Die Menschheit begann als ein Bestandteil
der Naturharmonie: Wir waren Teil der Partitur.

Anthony Aveni

Eigentlich hat jedes veränderliche Ding das Maß seiner Zeit
an sich; keine zwei Dinge der Welt haben dasselbe Maß der Zeit –
es gibt also (man kann es eigentlich und kühn sagen)
im Universum zu einer Zeit unzählbar viele Zeiten.

Johann Gottfried Herder

Alles hat seine Stunde

*A*lles hat seine Zeit,
und jedes Geschehen unter dem Himmel hat seine Stunde;
eine Zeit zum Leben und eine Zeit zum Sterben,
eine Zeit zum Pflanzen und eine Zeit zum Ausreißen,
eine Zeit zum Töten und eine Zeit zum Heilen,
eine Zeit zum Bauen und eine Zeit zum Niederreißen,
eine Zeit zum Lachen und eine Zeit zum Weinen,
eine Zeit zum Trauern und eine Zeit zum Tanzen,
eine Zeit zum Steinewerfen und eine Zeit zum Steinesammeln,
eine Zeit der Umarmung und eine Zeit der Enthaltung,
eine Zeit zum Suchen und eine Zeit zum Verlieren,
eine Zeit zum Bewahren und eine Zeit zum Verwerfen,
eine Zeit zum Zerreißen und eine Zeit zum Zusammennähen,
eine Zeit zum Schweigen und eine Zeit zum Reden,
eine Zeit zum Lieben und eine Zeit zum Hassen,
eine Zeit für den Krieg und eine Zeit für den Frieden.

Prediger 3,1–8

Alles zu seiner Zeit

*H*at alles seine Zeit
Das Nahe wird weit
Das Warme wird kalt
Der Junge wird alt
Das Kalte wird warm
Der Reiche wird arm
Der Narre gescheit
Alles zu seiner Zeit

Johann Wolfgang von Goethe

Ein ganzer Tag

*W*ozu brauchen wir die Zeit?
Damals, in den alten Tagen,
brauchten wir sie nie.
Wir richteten uns nach Aufgang
und Untergang der Sonne.
Wir mußten uns niemals beeilen.
Wir brauchten nie auf die Uhr zu blicken.
Wir mußten nicht zu einer bestimmten Zeit
bei der Arbeit sein.
Wir taten, was getan werden mußte,
wenn uns danach war.
Aber wir achteten darauf, es zu tun,
bevor derTag zu Ende ging.
Wir hatten mehr Zeit,
denn der Tag war noch ganz.

Scott Eagle

Eigenzeiten

*E*s sind nicht alle Zeiten gleich. Wir kennen die Schnelligkeit, die Langsamkeit, die Aktivität, das Ruhen, die Veränderung, die Stabilität. Die Dinge, die Prozesse, die Systeme haben ihre je eigenen Zeiten. Eine Barocktreppe hat – oder besser: provoziert – eine andere Zeit als eine Rolltreppe. Wir reden, wenn wir schnell gehen, miteinander anders und über etwas anderes, als wenn wir schlendern. Jede Straße, jeder Stadtbezirk, jede Gesellschaft hat ihre eigene zeitliche Bewegungsanweisung – und wir reagieren darauf. Die Gerade z. B. beschleunigt, die krummen Wege verlangsamen den Schritt. Das Rationale führt in den meisten Fällen zu Beschleunigung, zu Zeitkontrolle und Zeitverdichtung. Das Phantastische, das Irrationale, das

Gefühlvolle, das Soziale hingegen tendiert zu Verzögerungen, zu Abschweifungen, zu Umwegen. Wir brauchen beides: Schnelligkeit und Langsamkeit. Ein schönes Beispiel dafür liefert uns Charles Dickens. Er gibt seinen Pickwickiern präzise Verhaltensregeln zum Einfangen verlorengegangener Kopfbedeckungen: „Es gehört keine geringe Kaltblütigkeit und ein besonderer Grad von Beurteilungskraft dazu, einen fortrollenden Hut wiedereinzufangen. Man darf nicht zu sehr eilen, sonst stürmt man über ihn hinaus; man darf nicht zu langsam sein, sonst verliert man ihn. Die beste Art, ihn einzufangen, ist möglichst in gleicher Linie mit dem verfolgten Gegenstand zu bleiben, behutsam und vorsichtig zu sein, die Gelegenheit hübsch abzuwarten, ihm allmählich vorzukommen, dann plötzlich die Hand auszustrecken, ihn bei der Krempe zu ergreifen und fest auf den Kopf zu drücken. Dabei empfiehlt es sich, fortwährend zu lächeln, als hielte man alles für einen ebenso guten Spaß wie jeder andere."

Die Moral von der Geschichte: Behütet ist man im Leben nur dann, wenn man sowohl langsam als auch schnell sein kann. Die Schnelligkeit braucht Langsamkeit, wenn sie sinnvoll und erfolgreich sein soll – und ebenso braucht produktive Langsamkeit auch die Möglichkeit zur Schnelligkeit. Die eine zeitliche Lebensform muß in der anderen in fruchtbarem Sinne aufgehoben sein. Das anzustrebende Ideal ist – mit einem Wort von Karl Rahner – die „versöhnte Verschiedenheit" unterschiedlicher Zeitformen. Nur so können auch wir versöhnt leben.

Karlheinz A. Geißler, Zeit

„Sägen die Äste ab, auf denen sie saßen"

„Denn wir leben wahrhaftig in Figuren.
Und mit kleinen Schritten
gehn die Uhren neben unserm eigentlichen Tag."

Rainer Maria Rilke

Michel Serres, ein sensibler, genau beobachtender, französischer Philosoph, hat die Entwicklungen, präziser: die Fehlentwicklungen der Moderne in pointierter Art und Weise resümiert: „Zuviel Lärm, zuwenig Rhythmus, keine Melodie." Das ist zweifelsohne eine übertrieben kulturkritische Sichtweise, aber sie benennt eine Tendenz, für die es genügend Belege gibt.

Für die Zeitlogik der hochtourigen Moderne gehören die Rhythmen zu den Schattenseiten, die, wie der Kampf gegen die Nacht und den Tod es ja allerorten zeigt, der zu überwindenden Vormoderne zugerechnet werden. Die Natur funktioniert nicht so schnell, wie die Banken dies erwarten – jeder Öko-Bauer kann davon ein Lied singen. In dieser Konsequenz wird es z. B. als Erfolg gefeiert, wenn es gelingt, die endogenen Zeitprogramme (die inneren Uhren) bei den Tieren, den Pflanzen und auch beim Menschen zu eliminieren.

Bereits vor der Entwicklung der gentechnologischen Möglichkeiten – aber insbesondere durch diese – wurde die bisher gültige Beschränkung aufgehoben, die auf der Annahme basierte, daß sich die Reproduktionszeiten der Natursubstanzen nicht beliebig beschleunigen lassen. Inzwischen wurden vielerlei Möglichkeiten gefunden, natürliche Produktion und Reproduktion in ihren Abläufen zu beeinflussen. Tiere, tierische Produkte, Pflanzen und deren Früchte sind diesem Angriff auf ihre je eigenen Zeiten (Rhythmen) ausgesetzt. Die Zeitabhängigkeit von Entwicklungsvorgängen wurde zum Ziel von profitorientierten Manipulationen.

Die Beschleunigung von Reifeprozessen geschieht inzwischen weltweit und weitgehend unabhängig vom Rhythmus der Jahreszeiten. Das Ergebnis, das man nur schwer als Erfolg bezeichnen kann, läßt sich nicht verheimlichen: Wir schmecken es beim Käse, beim Wein, bei den Tomaten, beim Fleisch, das nicht genügend abgehangen ist, beim Bier, bei dem der Brauvorgang verkürzt wurde, und auch beim Brot, dem der inzwischen entwickelte Schnellsauerteig zugesetzt wurde. Wenn etwas wirklich reift, dann dauert es uns zu lange.

„Alles zu jeder Zeit und überall" ist das ökonomische Prinzip, das zur Zeitstandardisierung und zur kleinteiligen Zeitkontrolle führt und das inzwischen auch für alles Lebendige in Anspruch genommen wird. Es entfernt uns immer weiter von der Natur und deren Zeitmuster.

Dort, wo das Leben wie eine abzuarbeitende Checkliste gelebt wird, wo das Lebendige als störendes Element gilt und wo unser Bemühen primär darauf gerichtet ist, die „instrumentelle Codierung des Körpers" (Foucault) zu vervollkommnen, dort hat der Takt, das ist das Zeitmuster des Mechanischen, mehr Chancen als jene lebendige Logik, die wir Rhythmus nennen. Mit dem offensichtlichen Ergebnis, daß unsere Orientierungsprobleme in dieser Welt größer und nicht geringer geworden sind. Denn der Rhythmus, so läßt sich dies im „Wörterbuch der deutschen Gegenwartssprache" nachlesen, ist ein „gleichmäßiger, harmonischer, sich regelmäßig wiederholender, systemhaft gegliederter Bewegungsablauf". Er ist die lebendige Variation des Identischen. Er ist „Ordnung" und „Lauf" und „freier Fluß" zugleich. Er ist nicht starr. Es bleibt offen, inwieweit der Rhythmus als gestaltendes Element „einengt" oder „eröffnet". Er dynamisiert und gliedert die Zeit, zerteilt sie aber nicht – wie der Takt dies tut. Er ist eine Grundeigenschaft aller Organismen und aller sozialen Welten. Die Rhythmen sind als Botschaften der Natur und als soziale Konfigurationen Orientierungspunkte, die wir alle haben, die wir brauchen und die wir doch immer wieder suchen…

Zeit kann man erst verstehen, wenn man sich als Natur in der Natur begreift, wenn man Entwicklung erlebt und versteht. Erst das Wissen um die Zeit der Natur macht uns zu Wissenden im Hinblick auf die Natur der Zeit. Die Rhythmen sind, so gesehen, die Schöpfer von Zeit. Zeit erhält durch die Rhythmen von Natur und Gesellschaft ihre Bedeutung und ihre formale Ausprägung. Es ist der Rhythmus, der die „Zeit" macht, die Uhr mißt sie nur. Nicht die Uhr, sondern das rhythmisch pulsierende Herz bleibt stehen, wenn wir sterben.

Aber auch unsere gesellschaftlichen und kulturellen Errungenschaften leben durch ihre Rhythmik. „Die Architektur ist nur ein Steinhaufen, die Statue nur Material, die Prosa bloßer Lärm; und die Redekunst fällt zurück in Unsinn und Langeweile, wenn ihr der Rhythmus und das Auf und Ab der Betonung fehlen" (Serres).

Wir ordnen unser Leben und unsere sozialen Ereignisse immer noch nach rhythmischen Prinzipien, obgleich wir auf dem nicht unbedingt besten Wege sind, uns von ihnen zu lösen. Wir schlafen nachts und sind tagsüber aktiv, wir leisten uns (glücklicherweise noch immer) arbeitsfreie Wochenenden, und wir verbringen mehrheitlich unseren Winterurlaub im Schnee und nicht auf der sommerlichen anderen Welthälfte. Aber alles dies ist nicht mehr so eindeutig wie früher. Die Prägekraft der Zyklen, der Rhythmen für unsere gesellschaftliche Ordnung nimmt ab. Immer mehr Menschen erleben diese naturnahe Strukturierung unseres Alltags als behindernde Einschränkung. Gesellschaftliche Entrhythmisierung – als Flexibilisierung beschönigt – steht auf dem Programm. Mit welchem Ergebnis, mit welchen Folgen?

„Sie sägten die Äste ab, auf denen sie saßen / Und schrieen sich zu ihre Erfahrungen, / Wie man schneller sägen konnte, und fuhren / Mit Krachen in die Tiefe, und die ihnen zusahen / Schüttelten die Köpfe beim Sägen und / Sägten weiter" (Bertolt Brecht).

Karlheinz A. Geißler, Zeit

Blumen, Erdbeeren, Trauben

Die Blumen, die an einem Tag wachsen,
sind am Abend verwelkt.
Doch wer meint, alle Früchte würden
gleichzeitig mit den Erdbeeren reif,
versteht nichts von den Trauben.

Paracelsus

Vier Zeiten

Des Jahres Maß füllen vier Zeiten aus; vier Jahreszeiten sind in des
Menschen Geist. Ihm sprießt sein Frühling, wenn hell die Phantasie alle Schönheit mit mühelosem Griff umfaßt. Er hat seinen Sommer, wenn er in seinen Träumen dem Himmel am nächsten kommt.
Friedliche Winkel findet seine Seele in ihrem Herbst, wenn sie die
Schwingen faltet und zufrieden ist. Er hat auch seinen Winter voll
bleicher Häßlichkeit, sonst könnte er vergessen, daß er sterblich ist.

John Keats

Wechsel

Alles Behagen am Leben ist auf eine regelmäßige Wiederkehr der
äußeren Dinge gegründet.
Der Wechsel von Tag und Nacht, der Jahreszeiten, der Blüten und
Früchte, und was uns sonst von Epoche zu Epoche entgegentritt,
damit wir es genießen können und sollen, diese sind die eigentlichen Triebfedern des irdischen Lebens.
Je offener wir für diese Genüsse sind, desto glücklicher fühlen wir
uns.

Johann Wolfgang von Goethe

114

Gleichnis

*S*tets überließ der Meister jedem, das Tempo der eigenen Entwicklung zu bestimmen. Man wußte, daß er nie „antrieb". Er erklärte das mit folgendem Gleichnis:

Ein Mensch sah zu, wie ein Schmetterling sich anstrengte, aus seiner Puppe zu schlüpfen. Es ging ihm nicht schnell genug, also begann er, sanft darauf zu blasen. Sein warmer Atem beschleunigte tatsächlich den Prozeß. Aber was herauskroch, war nicht ein Schmetterling, sondern eine Kreatur mit übel zugerichteten Flügeln.

„Einen Wachstumsprozeß", schloß der Meister, „kann man nicht beschleunigen, man kann ihn nur abbrechen."

Anthony de Mello, Eine Minute Weisheit

Takt

*D*ie Befriedigung aber, welche das Ich durch den Takt im Wiederfinden seiner selbst erhält, ist um so vollständiger, als die Einheit und Gleichförmigkeit weder der Zeit noch den Tönen als solchen zukommt, sondern etwas ist, das nur dem Ich angehört und von demselben zu seiner Selbstbefriedigung in die Zeit hineingesetzt ist.

Georg Wilhelm Friedrich Hegel

Seelenmaß

*D*as mönchische Verständnis des Wortes „Stunde" geht auf das griechische Wort *hora* zurück, das älter ist als unsere Vorstellung eines in 24 Abschnitte aufgeteilten Tages. Der ursprüngliche Begriff der Stunde weicht von einer aus 60 Minuten bestehenden Zeiteinheit völlig ab. Sie ist kein numerisches Maß; sie ist ein Seelenmaß.

Wir kommen dem Verständnis dieser ursprünglichen Bedeutung

näher, wenn wir uns auf die Jahreszeiten besinnen. Im eigentlichen Sinne meint eine Jahreszeit nämlich eine Stimmung, eine Erfahrung und keine genaue Zeitspanne, die etwa am 25. Dezember beginnt und am 21. März aufhört. So sind wir überrascht, wenn wir im Kalender feststellen, daß der 21. Dezember der erste Wintertag ist, weil der Winter entweder schon lange da oder überhaupt noch nicht zu spüren ist. Selten beginnt eine Jahreszeit wirklich an dem ihr zugedachten Datum. Jahreszeiten sind vielmehr eine qualitative Erfahrung: Wir empfinden einen feinen Unterschied in der Qualität des Lichts, der Länge des Tages oder darin, wie sich die Luft auf unserer Haut anfühlt. Wir erfassen gefühlsmäßig, daß etwas in der Natur vor sich geht.

Die Stunden sind die „Jahreszeiten" des Tages, und ursprünglich wurden sie mythisch verstanden. Frühere Generationen der Gattung Mensch, die nicht vom Wecker beherrscht wurden, sahen die Stunden als Verkörperungen an und begegneten ihnen als Boten der Ewigkeit im natürlichen Fluß der Zeit, die wuchsen, erblühten und Früchte trugen. Im sich entfaltenden Rhythmus aller Dinge, die auf Erden wachsen und sich verändern, war das Vorhandensein jeder Stunde von einer unendlich reicheren und komplexeren Eigenart als unsere sterile Uhrzeit. Als Boten einer anderen Dimension – gleichsam als Engel – verstand man sie so, daß jeder Stunde ihre ureigene Bedeutung innewohnte.

Auch heute noch – inmitten unserer vollgepackten städtischen Geschäftstermine – können wir feststellen, daß die Zeit vor der Morgendämmerung, die frühen Morgenstunden, der Vormittag und die Mittagszeit alle eine eigene Qualität haben. Die Zeit mitten am Nachmittag, wenn die Schatten länger werden, hat einen anderen Charakter als die Zeit der Abenddämmerung, wenn wir das Licht einschalten.

So ist eine Gebetszeit denn eher eine unsichtbare Kraft als eine Maßeinheit. Die Stunden, in denen die Mönche zum Gebet und zum Gesang zusammengerufen werden, sind Engel, denen wir zu

bestimmten Zeitpunkten im Laufe des Tages begegnen. Die Gebetszeiten werden „kanonische" Gebetszeiten (oder Stundengebete)
genannt, weil das Wort „Kanon" ursprünglich einen Meßstab be-
zeichnete und weil der Tag nach seinen verschiedenen Stimmun-
gen gemessen wird. „Kanon" kann aber auch Gitter bedeuten, wie
ein Spalier, an dem man Reben hochzieht. So können wir uns die
Gebetszeiten auch wie einen Rahmen vorstellen, der den klösterlichen Tag, ja das gesamte klösterliche Leben trägt.

Die Stunden sind die innere Struktur, anhand deren die Stadien
des Tages bewußt und antwortend durchlebt werden. Die klösterliche Beziehung zur Zeit durch die Gebetsstunden hindurch weckt
unsere Sensibilität für die Schattierungen der Zeit. Und je größer
diese Sensibilität wird, desto empfänglicher werden wir für den gegenwärtigen Augenblick.

Die Wechselgesänge jeder Stunde helfen den Mönchen, die
flüchtige Jetzt-Dimension unseres Lebens zu finden. Der Gesang be-
reitet uns darauf vor, auf den Ruf jeder Stunde zu antworten; denn
das wirkliche Leben findet weder in der Uhrzeit noch in der chronologischen Zeit (nach dem Griechischen *chronos*) statt, sondern in
dem, was die Griechen *kairos* nannten: der Zeit als Gelegenheit
oder als Begegnung.

Aus der klösterlichen Perspektive ist die Zeit immer eine Reihe
von Gelegenheiten, von Begegnungen. Wir leben im Jetzt, indem
wir uns auf den Ruf eines jeden Augenblicks einstimmen, hören,
was jede Stunde und jede Situation uns bringt, und indem wir darauf antworten...

In den Gesängen, die nicht so sehr ein akustisches Phänomen als
vielmehr eine innere Erfahrung sind, begegnen wir einer Wirklichkeit, die wirklicher ist als das, was wir in unserem geschäftigen Alltagsleben erleben. Weshalb ist das so?

Einer der Gründe, weswegen wir uns in unserem Alltagsleben so
unbehaglich fühlen, liegt darin, daß wir entweder über die Vergangenheit grübeln oder uns Sorgen über die Zukunft machen und des-

halb nicht im Hier und Jetzt sind, wo unser wirkliches Selbst weilt. Wenn wir das Gefühl haben, nicht wirklich zu sein, sind wir wie die „hohlen Männer" von T. S. Eliot. Die Gesänge rufen uns aus der chronologischen Zeit heraus, in der „jetzt" niemals gefunden werden kann, und in das ewige Jetzt hinein, das gar nicht *in* der Zeit zu finden ist. Wenn wir uns die Zeit als Linie vorstellen, die von der Zukunft in die Vergangenheit reicht, dann ißt die Vergangenheit die Zukunft ständig ohne den geringsten Rest auf. Solange wir uns „jetzt" als eine ganz kurze Zeitspanne denken, hält uns nichts davon ab, diese Spanne in zwei Hälften zu teilen und dann nochmals in zwei zu teilen. Weil sich die chronologische Zeit immer weiter teilen läßt, gibt es kein „jetzt" auf unseren Uhren, und in der Uhrzeit läßt sich keine „stille Mitte" finden. Sich solche Gedanken über die Zeit zu machen ist nicht einfach ein Spiel mit Worten; es ist ein geistiges Experiment, das wir durchführen können, um uns klarzumachen, daß wir, wenn wir die Bedeutung des Jetzt erkennen, etwas erfahren, was die Zeit transzendiert: die Ewigkeit.

Die Ewigkeit ist nicht eine lange, lange Zeit. Die Ewigkeit ist das Gegenteil der Zeit: Sie ist keine Zeit. Sie ist, wie Augustin sagte: „Das Jetzt, das nicht vergeht." Wir können dieses Jetzt nicht dadurch erreichen, daß wir einfach in einer chronologischen Reihenfolge vorangehen, und dennoch ist es jeden Augenblick als geheimnisvolle Fülle der Zeit zugänglich.

Wir werden ab und zu, in den Augenblicken, in denen wir am lebendigsten sind, in unseren Gipfelerlebnissen, in das Mysterium der Zeit aufgenommen. Von solchen Momenten sagen wir etwa: „Die Zeit schien stillzustehen" oder: „So viel hatte in einem einzigen winzigen Augenblick Platz" oder: „Stunden vergingen, und es war wie im Nu, wie eine Sekunde." Unser Zeitgefühl verändert sich in solchen Momenten der tiefen und intensiven Erfahrung, und dann wissen wir, was jetzt bedeutet. Wir fühlen uns in jenem Jetzt, in jener Ewigkeit zu Hause, weil das der einzige Ort ist, wo wir wirklich *sind*. Wir können nicht in der Zukunft *sein*, wir können nicht in der

Vergangenheit *sein*; wir können nur in der Gegenwart *sein*. Wir sind nur in dem Maße wirklich, in dem wir im gegenwärtigen Hier und Jetzt leben.

Sich auf die Gesänge einzulassen kann eine Art nüchterner Ekstase auslösen. Ekstase heißt wörtlich außerhalb von sich stehen. Wenn wir singen oder Gesängen zuhören, haben wir Zugang zu jener Dimension, die außerhalb der Zeit ist: dem Jetzt. Paradoxerweise transzendieren wir die Uhrzeit genau dann, wenn wir ganz im Augenblick sind. Der Augenblick und die Ekstase gehören zusammen: Wenn wir wirklich hier, jetzt, in diesem Augenblick sind, dann sind wir ganz spontan auch ekstatisch.

T.S. Eliot spricht von „Musik, so innig gehört, daß sie nicht gehört wird, weil man selbst die Musik ist, solange sie forttönt". Und in dieser Erfahrung sieht er einen Aspekt vom „Augenblick in und außer der Zeit". Wenn wir lernen, die beiden miteinander zu verbinden und „in und außer der Zeit" zu leben, dann lassen wir aus der Polarität zwischen Zeit und Jetzt, zwischen Augenblick und Ekstase eine schöpferische Spannung entstehen. Dank dieser inneren Geste können wir ein volles und schöpferisches Leben leben.

David Steindl-Rast, Musik der Stille

Kosmische Pünktlichkeit

*I*m Kloster gab es keine Uhren. Als sich ein Geschäftsmann über mangelnde Pünktlichkeit beklagte, sagte der Meister: „Bei uns herrscht eine kosmische Pünktlichkeit und keine geschäftliche Pünktlichkeit."

Der Geschäftsmann sah darin keinen Sinn. Und so fügte der Meister hinzu: „Alles hängt vom Gesichtspunkt ab. Was bedeutet aus der Sicht des Waldes der Verlust eines Blattes? Was bedeutet aus der Sicht des Kosmos der Verlust deines Terminkalenders?"

Anthony de Mello, Eine Minute Unsinn

Tagesrhythmus

*U*nser Tagesrhythmus wird zu einem großen Teil von äußeren Faktoren bestimmt: dem Sonnenaufgang, dem Fahrplan des Pendlerzuges, Auftragsterminen, den Wünschen eines Kunden. Wenn Sie gut damit zurechtkommen, sind diese Markierungen eine angenehme und sinnvolle Einrichtung, die Ihnen die Entscheidung ersparen, wann Sie was tun wollen. Aber möglicherweise ist der Zeitplan, den Sie befolgen, für Ihre Zwecke nicht optimal geeignet. Vielleicht können Sie Ihre kreativen Kräfte am besten in den frühen Morgenstunden entfalten oder mitten in der Nacht. Können Sie etwas Zeit für sich selbst aufbringen, wenn Ihre Energie am stärksten ist? Können Sie den Schlaf Ihren Bedürfnissen anpassen, anstatt umgekehrt?

Die üblichen Essenszeiten sind vielleicht für Sie persönlich nicht die besten. Möglicherweise knurrt Ihr Magen schon vor der normalen Mittagszeit, was Sie nervös macht und Ihre Konzentration beeinträchtigt, oder Sie können Ihr Potential am besten ausschöpfen, wenn Sie das Mittagessen ausfallen lassen und statt dessen einen kleinen Imbiß am Nachmittag nehmen. Jeder Mensch hat wahrscheinlich bestimmte Zeiten, zu denen er am besten einkaufen, Besuche machen, arbeiten oder entspannen kann. Je mehr Dinge wir zu den günstigsten Zeiten tun, desto mehr kreative Energie können wir freisetzen.

Die meisten Menschen hatten nie Gelegenheit herauszufinden, welche Tages- oder Nachtzeiten am besten zu ihren Rhythmen passen. Um dieses Wissen zurückzugewinnen, müssen wir darauf achten, wie gut der Zeitplan, den wir befolgen, unseren inneren Bedürfnissen entspricht – wann wir am liebsten essen, schlafen, arbeiten usw. Wenn wir die idealen Muster ermittelt haben, können wir damit beginnen, die äußeren Bedingungen so zu ändern, daß sie unseren Neigungen entgegenkommen. Natürlich unterliegt der Tagesablauf größtenteils unflexiblen Anforderungen, die nicht geändert werden können. Die Zeit ist flexibler, als man gemeinhin denkt.

Vor allem darf man nicht vergessen, daß kreative Energie, wie jede andere Form psychischer Energie, Zeit braucht. Man braucht eine gewisse Mindestzeit, um ein Sonett zu schreiben oder eine neue Maschine zu erfinden. Das individuelle Arbeitstempo ist unterschiedlich – Mozart schrieb seine Konzerte wesentlich schneller als Beethoven –, aber sogar Mozart konnte der Tyrannei der Zeit nicht entfliehen. Deshalb ist jede Stunde, die man der Plackerei und Routine abringt, eine gewonnene Stunde für die Kreativität.

Nehmen Sie sich Zeit für Reflexion und Entspannung. Viele Menschen, vor allem solche, die Erfolg und Einfluß haben, nehmen das Bild von der „Hetzjagd des Lebens" ernst und fühlen sich unwohl, sogar ängstlich, wenn sie nicht unentwegt beschäftigt sind. Sogar zu Hause haben sie das Gefühl, daß sie dauernd putzen, im Garten arbeiten oder Dinge reparieren müssen. Dieser unermüdliche Tatendrang ist lobenswert und sicherlich wesentlich besser, als einfach die Zeit zu vertrödeln und sich selber leid zu tun. Aber pausenlose Geschäftigkeit ist kein gutes Rezept für die Kreativität. Man sollte eine gewisse Zeit am Tag, in der Woche, im Jahr einplanen, um eine Bestandsaufnahme von seinem Leben zu machen und zu analysieren, was man bislang erreicht hat und welche Aufgaben noch vor einem liegen.

Diese Zeit dient nicht dazu, Aufgaben zu erledigen oder Entscheidungen zu treffen. Man sollte einfach dem Luxus frönen, das Nachdenken um seiner selbst willen zu genießen. Es werden auf jeden Fall, ob gewollt oder ungewollt, neue Ideen und Schlußfolgerungen auftauchen, und je weniger man versucht, den Prozeß zu steuern, desto kreativer wird er sein. Es empfiehlt sich, diese Phasen der Reflexion mit einer anderen Aufgabe zu verbinden, die ein gewisses Maß an Aufmerksamkeit, aber keine volle Konzentration verlangt. Sie sollte möglichst ein körperliches oder kinästhetisches

Element umfassen. Zu den Aktivitäten, die unbewußt kreative Prozesse fördern, gehören normalerweise Spazierengehen, Duschen, Schwimmen, Autofahren, Gartenarbeit, Weben oder Holzarbeiten.

Weder fortgesetzter Streß noch Monotonie sind der Kreativität besonders förderlich. Streß und Phasen der Entspannung sollten sich abwechseln. Aber bedenken Sie, daß die beste Entspannung keineswegs im Nichtstun besteht. Normalerweise gehört dazu, daß man einer Aktivität nachgeht, die sich erheblich von den üblichen Aufgaben unterscheidet. Einige der anspruchsvollsten Aktivitäten wie Bergsteigen, Skifahren oder Fallschirmspringen können für einen Menschen, der überwiegend am Schreibtisch sitzt, äußerst entspannend sein, weil sie intensive Erfahrungen in völlig ungewohnten Bereichen eröffnen.

Von großer Bedeutung ist mitunter auch, daß man lernt, seine Schlafgewohnheiten selbst zu steuern. Einige sehr erfolgreiche Geschäftsleute und Politiker sind stolz darauf, mit wenigen Stunden Schlaf auszukommen, und sagen, daß sie sich tatkräftiger und entschlossener fühlen, wenn sie wenig schlafen. Aber in der Regel schlafen kreative Menschen recht lange und erklären, daß die Originalität ihrer Ideen darunter leidet, wenn sie keinen ausreichenden Schlaf bekommen. Man kann keine allgemeingültigen Aussagen darüber treffen, wieviel Schlaf ideal ist. Auch hier ist das Entscheidende, daß man herausfindet, welcher Schlafrhythmus den eigenen Bedürfnissen am besten gerecht wird. Und niemand sollte sich schuldig fühlen, weil er ein paar Stunden länger schläft, als gemeinhin für normal gehalten wird. Was man quantitativ an Wachzeit einbüßt, wird zweifellos durch die Qualität der erlebten Zeit aufgewogen.

Mihaly Czikszentmihalyi, Kreativität

Palmströms Uhr

*P*almströms Uhr ist andrer Art,
reagiert mimosisch zart.

Wer sie bittet, wird empfangen.
Oft schon ist sie so gegangen,

wie man herzlich sie gebeten,
ist zurück- und vorgetreten,

eine Stunde, zwei, drei Stunden,
je nachdem sie mitempfunden.

Selbst als Uhr, mit ihren Zeiten,
will sie nicht Prinzipien reiten.

Zwar ein Werk, wie allerwärts,
doch zugleich ein Werk – mit Herz.

Christian Morgenstern, Galgenlieder

6
SELIG DIE GEDULDIGEN
LOB DES WARTENS

Geduld aber bringt Erfahrung, Erfahrung aber bringt Hoffnung.

Römer 5,4

Nur wer warten kann, kann auch etwas erwarten.

Karlheinz A. Geißler

So geht es in der Welt.
Wenn man nur still und geduldig wartet,
wie die Katze vor dem Mausloch,
so kommen alle
guten Dinge wieder einmal
zum Vorschein

Gottfried Keller

„Was lange währt, wird endlich gut.
Wer hat das noch gesagt?"

Samuel Beckett, Warten auf Godot

Ende der Welt

*A*n dem Tag, an dem uns das Überschallflugzeug wie der Photoapparat erlauben wird, jede beliebige Momentaufnahme von der Welt zu machen, werden wir zu jenem lichtempfindlichen Film, den ein Nichts „überbelichten" kann und dessen Bilder durch Doppelbelichtung schleierhaft werden. Worauf werden wir warten, wenn wir nicht mehr warten müssen um anzukommen…?

Schon unser gegenwärtiges schnelles Reisen ist kaum mehr als das Warten auf die Ankunft – was wird es sein, wenn selbst diese kurze Wartezeit entfällt? Die nächste Umgebung, einen kurzen Fußweg entfernt, wird uns fern erscheinen; die Ungeduld des Wartens werden wir auf unsere nächste Umwelt übertragen, unser Körper, dieses metabolische Fahrzeug, wird uns bleiern vorkommen, wie der Taucher werden wir das Gefühl einer überaus störenden Langsamkeit haben, unser Körper wird unerträglich geworden sein. Wie unter dem Wasserdruck am Meeresboden wird für unsere eigenen Kräfte unser direktes Umland so fern und unerreichbar scheinen wie die Kathedrale von Chartres dem Pilger. Wenn uns der Platz am Ende der Straße, der zu Fuß in zehn Minuten zu erreichen ist, ebenso fern vorkommen wird wie Peking, was bleibt dann von der Welt? Was bleibt von uns?

Paul Virilio, Fahren, fahren, fahren…

Nicht auf der Flucht

*„I*ch lass' mich nicht hetzen, ich bin ja nicht auf der Flucht." Diesen Hinweis las ich unlängst auf einer schön eingerahmten Tafel in einem Café in Wien. Ein dezenter Hinweis für die Kunden, ein wenig Warten in Kauf zu nehmen? Ein Hilferuf um Verständnis dafür, daß bei Kosteneinsparung und Personalreduktion die alte Redewendung der Wiener Ober, „bitte sehr, bitte gleich", nicht so ganz

wörtlich genommen werden darf? Das Schild hänge schon lange hier, wurde mir gesagt, beziehe sich also nicht bloß auf die gestiegene Hektik der letzten Jahre, in die das alte Wiener Café nicht mehr so ganz hineinpassen will. Ist Warten vielleicht immer schon problematisch gewesen?

In steigender Anzahl bezeichnen Menschen die Ungeduld als ihre schlechteste Eigenschaft. Es fällt immer schwerer, warten zu können, Zeit verstreichen zu lassen, gerade einmal nichts voranbringen zu können. Warten ist nicht genützte Zeit, sie geht woanders ab: Warten ist Nichtstun, und Nichtstun bringt nichts hervor, schafft nichts, ist nicht produktiv, nicht effizient, kostet Geld. Leistung hingegen ist Arbeit pro Zeiteinheit, so lehrt es die Physik, und die Ökonomie hat sich dieser Definition angeschlossen. Man ist unter Druck, wenn man Zeit verstreichen läßt, fühlt sich von unsichtbaren Augen beobachtet, verachtet und angetrieben, lasterhaft und parasitär. Zeit muß produktiv genützt werden. Sie ist die einzige Reserve (Ressource), aus der man ökonomisch noch etwas herausholen kann. Warten hat keinen Platz mehr.

Wer von uns hat sich nicht schon darüber geärgert, wenn er am Flughafen ewig auf sein Gepäck warten mußte, wenn er auf das Band gestarrt hat und dieses sich nicht und nicht in Bewegung setzen wollte. Wer findet das Warten auf den Bus schön oder reiht sich gerne in die endlose Schlange beim Skilift ein? Wer vermag es, bei Nachfragen geduldig auf Antworten zu warten, ohne neue Fragen zu stellen oder sie sich selbst zu beantworten: wer wartet gerne vor der Türe des Chefs oder ist frei von einem vorwurfsvollen Blick, wenn der Rendezvouspartner nicht zur vereinbarten Zeit kommt? Wer hat die Ruhe zuzusehen, wenn andere langsamer sind?

Am Kennedy Airport in New York hat man die Logistik umgestellt. Man läßt die Passagiere möglichst weit weg vom Gepäckband aussteigen, damit sie weit gehen, aber nicht mehr warten müssen. Denn beim Gehen tut man etwas, man steht nicht still. Und doch können wir auch beim Gehen überlistet werden: Früher – in der griechischen Polis –, so schreibt jedenfalls Nietzsche, wurde viel im Gehen philosophiert; kam aber ein wichtiger Gedanke oder Einfall, blieb man plötzlich stehen, erstarrte förmlich am Ort. Was sagt Milan Kundera dazu: „Es besteht eine geheime Verbindung zwischen der Langsamkeit und dem Gedächtnis, zwischen der Geschwindigkeit und dem Vergessen. Denken wir an eine äußerst banale Situation: Ein Mann geht auf der Straße. Plötzlich will er sich etwas ins Gedächtnis rufen, doch die Erinnerung versagt. In diesem Moment verlangsamt er automatisch seine Schritte. Umgekehrt beschleunigt jedoch jemand, der versucht, einen gerade erlebten schmerzlichen Vorfall zu vergessen, unbewußt seine Gangart, als wollte er sich rasch von dem entfernen, was zeitlich noch allzu nahe bei ihm liegt."

Auch wenn wir so wenig gerne warten wollen, so wissen wir genau, daß wir auf vieles warten müssen: Wir müssen warten, bis die Äpfel im Garten reif sind, bis das Kind plötzlich einmal zu sich Ich sagt, bis wir eine Krankheit auskuriert haben; ob das neue Jahr Gutes bringt, das Wetter mitspielt, ob wir mit dem, was wir entschieden, das Richtige getan haben, ob uns gelungen ist, was wir wollten. Manchmal erfüllt uns auch ein Gefühl drängenden Wartens, ohne daß wir genauer wissen, worauf eigentlich. Wir spüren nur, irgend jemand wird kommen, irgend etwas muß sich verändern. Wir bemerken: Warten hat viele Dimensionen, und es ist wahrscheinlich gut, sie auseinanderzudividieren; denn sonst passiert eines mit großer Wahrscheinlichkeit: Unser Ärger und negatives Gefühl beim Warten vereinigt sich mit den Beschleunigungsanforderungen der Leistungsgesellschaft. In dieser unheiligen Allianz wird Warten demnächst überhaupt abgeschafft. Was alles also macht Warten so unangenehm – und gibt es auch ein angenehmes, erwünschtes Warten?...

Hektisches Tun, Aktivismus, Nicht-warten-Können ist Flucht nach vorne. Sie muß mißglücken, weil uns die Probleme immer wieder einholen, jedenfalls das letzte, der Tod. Im Warten tut man nichts: man wird plötzlich auf sich zurückgeworfen, in einsamer Stille. Man versucht es mit Ablenkungen, nimmt ein Buch, beobachtet andere, versucht zu schlafen; am wirksamsten ist aber die Ablenkung Arbeit, und sie hat den meisten Wert. Also hat man gottlob auch immer etwas mit in seinem Aktenköfferchen. Die Pause muß gefüllt werden. Das Nichts, die Einsamkeit, die Stille, wir können sie schwer ertragen: Sie sind Einfallstor für ungelöste Probleme, für Fragen an sich selbst, die sonst nicht gestellt werden müssen, für Gespenster aus Vergangenheit und Zukunft. Letztlich für Erinnerungen an das ewige Stille bedeutende Ende. Das Tor soll geschlossen bleiben.

Anderseits: Ist es nicht auch interessant, dem stillen Zwiegespräch in sich einmal zu lauschen, das sich zwar ständig spricht, selten aber Gehör findet? Ist nicht Warten ein Geschenk, in dem der Weg zu sich selbst verpackt ist? Schafft es nicht die zufällige Möglichkeit, Aufgeschobenes, Zurückgedrängtes in sich wieder aufleben zu lassen? Bedarf es nicht dieser Stille mit mir selbst, um nach lauter Aktivität und beschleunigtem Vorwärtsstürmen mich selbst wieder einzuholen, um nachzukommen? Ist dieses Zurückgeworfensein nicht auch Erinnerung an Liegengebliebenes, das sein Recht verlangt – heißt nicht (Selbst-)Reflexion ohnehin das gleiche, nur theoretisch gesagt und rationalisiert?

Peter Heintel, Warten und beschleunigen

Wer warten kann, hat viel getan

*M*an wird ärgerlich. Besonders dann, wenn man selbst keinen Einfluß auf die Zeit hat, so etwa beim Warten im Autostau oder als Opfer einer Warteschleife bei der Landung eines Flugzeuges. Für Warteschlangenspezialisten ist dieser Sachverhalt eine Herausforderung, bei der sie ihren ökonomischen Wertvorstellungen vom Warten deutlichen Ausdruck verleihen: Sie finden beispielsweise heraus, daß ein amerikanischer Autofahrer während seines Lebens 6 Monate vor roten Ampeln und 5 Jahre seiner Lebenszeit in Warteschlangen zubringt.

Aber was ist das für ein „Warten", das da gezählt, statistisch ausgewertet und als Systemdefekt interpretiert wird? Es ist der Stillstand der äußeren Bewegung – mehr nicht. Dort, wo Beschleunigung ein positiver Wert ist und sich selbst genügt, dort wird das Warten zur vergeudeten Zeit – auf der Schnellstraße, auf dem Flughafen, vor dem Bildschirm, am Telefon. Es wirkt entnervend, es ist ein „Warten von der aufbringenden Art" (Lübbe). Es ist eine unangenehme Zeiterfahrung am Rande der Beschleunigung. Steigerungsfähig ist diese, wenn sie mit erzwungener Passivität einhergeht.

Horkheimer schildert und interpretiert dies, indem er auf soziale Unterschiede hinweist: „Im genauen Verhältnis zur sozialen Hierarchie steht das Wartenmüssen. Je weiter oben einer ist, um so weniger muß er warten. Der Arme wartet vor dem Fabrikbüro, auf dem Amt, beim Arzt, auf dem Bahnsteig. Er fährt auch mit dem langsameren Zug. Eine Verschärfung des Wartens ist es, wenn man dabei stehen muß; die letzte Wagenklasse in den Zügen ist gewöhnlich überfüllt, und viele stehen darin. Arbeitslose warten den ganzen Tag.

Der Umstand, daß jede Minute, die ein Generaldirektor beim Bankier warten muß, ein schlechtes Zeugnis für seine Kreditfähigkeit ist, wird vielfach erörtert; dieses Wissen gehört zur Philosophie des kapitalistischen Geschäftsmannes. Das Warten, das in allen Epochen Lebensmerkmal der beherrschten Klasse war, wird in der bürgerlichen Gesellschaft weniger erörtert; dieses Wissen gehört nicht zum Geschäft der kapitalistischen Philosophie."

Warten ist dann ein Störmoment, wenn Zeit mit Geld verrechnet wird, wenn die Logik der knappen Zeit herrscht, Wartezeiten verursachen aus dieser Sicht Kosten, da in der „verwarteten Zeit" andere Chancen hätten wahrgenommen werden können. Hieraus ergibt sich der Eindruck, warten sei unproduktiv; es müsse etwas dagegen unternommen werden. Die Eile trocknet die Lebensquelle des geduldigen Wartens aus. Wie leer aber müssen 10 Minuten Warten sein, wenn diese Zeit als verloren gilt?

Ganz anders hingegen, voll mit lebendigem Inhalt, ist das Warten, wenn wir es so verstehen, wie dies im Wörterbuch der Gebrüder Jacob und Wilhelm Grimm erklärt wird. Warten bedeutet dort: *Wohin schauen, seine Aufmerksamkeit auf etwas richten, versorgen, pflegen, einem dienen, Anwartschaft haben, harren usw.*

Warten, so Remann, ist „eines der am wenigsten gewürdigten Glücksgefühle (…). Wäre die Menschheit mit ihrer Warterei wirklich so unglücklich, hätte sie längst damit aufgehört." Warten ist ja nicht in jedem Fall mehr oder weniger erzwungener Handlungsverzicht, sondern es ist auch Ausdruck einer besonderen Qualität des Handelns. Warten und warten können bedeutet „Zeit haben" – und das ist etwas Besonderes und etwas Attraktives. Es ist eine Zeit, die nicht unter dem Druck steht, rasch zu Resultaten zu kommen. Wer etwas ernten will, der muß – wie das jeder Bauer erzählen kann – warten können. Und jene, die die Kunst des Wartens am besten beherrschen, erhalten die schönsten Äpfel. So ist Warten nicht Handlungsverzicht, sondern produktives Handeln.

Im wohlwollenden Zuwarten ist jene Wortbedeutung enthalten, die im Grimmschen Wörterbuch als „pflegen", „auf etwas schauen" gekennzeichnet wird. Ein solches Warten führt weg von der mechanischen Logik der Uhr und eröffnet Zeiterfahrungen, die anderes möglich und erlebbar machen, als das, was die Zeitmesser vorgeben. Die Diktatur der Uhr läßt kein fruchtbares Warten zu. Wartezeit ist ein Geschenk. Nietzsche beschreibt es: „Warten und sich vorbereiten; das Aufspringen neuer Quellen abwarten; in der Einsamkeit sich auf fremde Gesichter und Stimmen vorbereiten; (…) den Süden in sich wieder entdecken und einen hellen glänzenden geheimnisvollen Himmel des Südens über sich aufspannen…"

In Wirklichkeit warten wir alle – auf das Glück nämlich. Und ohne dieses Warten könnten wir's in dieser Welt nicht aushalten.

131

Da sich das Glück aber – glücklicherweise – nicht kalkulierend herbeiholen läßt, müssen wir uns öffnen für die Zeit und ihre unterschiedlichen Qualitäten, für das Anderswo und Irgendwie. Es sind die Wartesäle unseres Lebens, in denen wir die Zeit erleben und erfahren können, wo wir uns selbst begegnen – und anderen Menschen ebenso. Der Wartende lädt die Zeit ein (Benjamin). Dann heißt warten nicht mehr nur auf etwas warten, sondern es ist schon ein Teil jener Erfahrung des Glücks, auf das wir alle warten.

Wer warten kann, hat viel getan. Wir kommen mit noch so viel Anstrengung und Hektik nicht ans Ziel – aber wenn wir warten, kommt das Ziel vielleicht zu uns. Glücklich jene, die warten können, denn, so ein Versprechen der Verheißung, „dem Geduldigen gehört das Himmelreich".

Karlheinz A. Geißler, Zeit

Vom Glück gekrönt

*W*arten können. Es beweist ein großes Herz mit Reichtum an Geduld, wenn man nie in eiliger Hitze, nie leidenschaftlich ist. Erst sei man Herr über sich: so wird man es nachher über andere sein. Nur durch die weiten Räume der Zeit gelangt man zum Mittelpunkte der Gelegenheit. Weise Zurückhaltung bringt die richtigen, lange geheimzuhaltenden Beschlüsse zur Reife. Die Krücke der Zeit richtet mehr aus als die eiserne Keule des Herkules. Gott selbst züchtigt nicht mit dem Knittel, sondern mit der Zeit. Es war ein großes Wort: „Die Zeit und ich nehmen es mit zwei andern auf." Das Glück selbst krönt das Warten durch die Größe des Lohns.

Baltasar Gracián, Handorakel und Kunst der Weltklugheit

Zehn Tage

Von einem weisen Heiler wird folgende Geschichte erzählt. Eine Frau kam zu ihm und fragte: „Können Sie mir sagen, was ich tun soll? Ich habe Schwierigkeiten mit meinem Mann. Jeden Tag gibt es zu Hause Streit." Er erwiderte: „Das ist einfach." – „Ich wäre Ihnen so dankbar", sagte sie. „Ich gebe Ihnen diese Süßigkeiten. Behalten Sie sie im Mund, wenn Ihr Mann heimkommt, und alles wird wieder gut werden. Es sind magnetisierte Süßigkeiten." Sie nahm sie und stellte fest, daß es keinen Streit mehr gab. Nach zehn Tagen waren die Süßigkeiten aufgebraucht. Da ging sie wieder zum Heiler und sagte: „Ich gebe Ihnen, was Sie wollen, wenn Sie mir nur noch mehr von jenen Süßigkeiten geben. Sie sind wunderbar." Da antwortete der Lehrer: „Nachdem Sie zehn Tage von diesen Süßigkeiten gegessen haben, sollten Sie verstehen, daß Ihr Mann, nachdem er sich den ganzen Tag abgemüht hat, nervös und müde ist, wenn er heimkommt. Natürlich ist er nicht ‚in Stimmung', und dies haben Sie durch Ihr Reden verschlimmert. Als Sie still waren, gab es nichts, um darüber zu streiten, und Ihr Heim wurde harmonischer. Dies sollte Sie lehren, daß Schweigen ein Schlüssel zur Harmonie ist."

Hazrat Inayat Khan, Vom Glück der Harmonie

Zudem ...

Zudem gibt's Lagen, wo ein Schritt voraus
Und einer rückwärts gleicherweis' verderblich.
Da hält man sich dann ruhig und erwartet ...

Franz Grillparzer

Mönchslehre

*E*in Bruder suchte Abba Moses in der Sketis auf und bat ihn um ein Wort der Weisung. Und der alte Mann entgegnete ihm: „Geh zurück in deine Zelle und bleibe dort sitzen; deine Zelle wird dich alles lehren."

Wüstenväter

Der weise Schüler

*E*s war einmal ein Weiser, der einen guten Schüler hatte. Eines Tages wurde er ärgerlich, und er jagte den Schüler fort. Dieser aber setzte sich draußen vor der Zelle nieder und wartete. Als der Weise die Tür öffnete, sah er den Schüler sitzen. Da bereute er vor ihm, und er sprach: „Du bist mein Vater; denn deine Demut und Geduld haben meine Engherzigkeit überwunden. Du bist von nun an der Weise und der Vater, und ich bin der Schüler, der zu lernen hat. Denn deine guten Werke stehen hoch über meinem Alter."

Yushi Nomura, Vom Anzünden des göttlichen Feuers

Beharrlichkeit

*E*in Mann, der lange Zeit an einer Sache gearbeitet und sie trotz großer Hindernisse nicht aufgegeben, sondern erfolgreich zu Ende geführt hatte, wurde gefragt, wie er es geschafft habe, nicht mutlos zu werden. Er antwortete: „Haben Sie schon einmal einen Steinmetz bei der Arbeit beobachtet? Er schlägt vielleicht hundertmal auf die gleiche Stelle, ohne daß auch nur der kleinste Riß sichtbar wird. Aber beim hundertundeinten Schlag springt der Stein plötzlich entzwei. Es ist aber nicht dieser eine Schlag, der den Erfolg bringt, sondern es sind die hundert, die ihm vorausgegangen sind."

Unbekannt

Samen, nicht Früchte

*E*ine Frau träumte, sie beträte einen ganz neuen Laden am Markt, und zu ihrem Erstaunen stand Gott hinter dem Ladentisch.

„Was verkaufst du hier?" fragte sie.

„Alles, was dein Herz begehrt", sagte Gott.

Die Frau wagte kaum zu glauben, was sie hörte, beschloß aber das Beste zu verlangen, was ein Mensch sich nur wünschen konnte.

„Ich möchte Frieden für meine Seele und Liebe und Glück, und weise möchte ich sein und nie mehr Angst haben", sagte sie. Nach kurzem Nachdenken fügte sie hinzu: „Nicht nur für mich allein, sondern für alle Menschen auf der Erde."

Gott lächelte: „Ich glaube, du hast mich falsch verstanden, meine Liebe", sagte er, „wir verkaufen hier keine Früchte, nur Samen."

Anthony de Mello, Warum der Schäfer jedes Wetter liebt

Vor allem Geduld

*E*in hoher chinesischer Beamter wurde in noch jugendlichem Alter in eine verantwortungsvolle Stelle an den kaiserlichen Hof in Peking berufen. Er suchte Rat bei seinem erfahrenen alten Lehrer.

„Vor allem empfehle ich dir Geduld", sagte der zu ihm.

„Was meinst du damit?"

„Viel Geduld, vor allem viel Geduld mußt du haben?"

„*Was* meinst du?"

„Geduld, viel Geduld!"

„Um Himmels willen, was hast Du denn bloß immer mit deiner Geduld!?"

„Siehst du, du brauchst Geduld, viel Geduld!"

Chinesisch

Die beste Eigenschaft

*D*ie Weisen haben immer die Zufriedenheit gelehrt. „Widerstrebt nicht dem Übel", heißt es in der Bibel. Und doch, wie viele geben dem Übel nach! Die eigentliche Meinung der Heiligen Schrift ist folgende: Angenommen, jemand sei böse mit uns. Lehnen wir uns dagegen auf, so nehmen wir teil an seinem Ärger; dem Feuer, das in unserem Gemüt entzündet wird, erlauben wir zu entflammen. Widersteht dem Übel nicht auf diese Weise! Nehmt nicht teil am Übel des anderen! Ist man aber ruhig und gelassen, so wird die Ruhe und Sanftmut eine größere Wirkung auf den anderen ausüben als sein Zorn. Der wahre Widerstand ist also eine Übung der Geduld. Geduld ist die beste Eigenschaft, die der Mensch entwickeln kann. Wir sind immer geneigt, aufgeregt oder verärgert zu werden, wenn andere uns nicht verstehen. Warum denn sich aufregen, falls es anderen nicht möglich ist, uns zu verstehen. Durch die Erregung machen wir diejenigen, die dumm oder ungeschickt sind, nur noch dümmer und ungeschickter. Wir können ihnen auf diese Weise nicht helfen, sondern haben teil an ihrer Arbeit, indem wir ihnen widerstehen. Wenn wir innerlich ruhig wären, wenn wir Geduld hätten, dann wären wir in Harmonie. Harmonie ist das größte, was wir im Leben zu lernen haben. Alle Mißhelligkeiten in der Ehe, zwischen Freunden und Geschäftspartnern und in der Politik entstehen aus Mangel an Geduld. Wenn wir nur Geduld und Zufriedenheit hätten, könnten wir uns selbst eines Besseren belehren.

Hazrat Inayat Khan, Vom Glück der Harmonie

Belohnung

So geht es uns in der Musik: erst muß man eine Figur und Weise überhaupt *hören lernen,* heraushören, unterscheiden, als ein Leben für sich isoliren und abgrenzen; dann braucht es Mühe und guten Willen, sie zu *ertragen,* trotz ihrer Fremdheit, Geduld gegen ihren Blick und Ausdruck, Mildherzigkeit gegen das Wunderliche an ihr zu üben: – endlich kommt ein Augenblick, wo wir ihrer *gewohnt* sind, wo wir sie erwarten, wo wir ahnen, daß sie uns fehlen würde, wenn sie fehlte; und nun wirkt sie ihren Zwang und Zauber fort und fort und endet nicht eher, als bis wir ihre demüthigen und entzückten Liebhaber geworden sind ... – So geht es uns aber nicht nur mit der Musik: ... Wir werden schließlich immer für unseren guten Willen, unsere Geduld, Billigkeit, Sanftmüthigkeit gegen das Fremde belohnt, indem das Fremde langsam seinen Schleier abwirft und sich als neue unsägliche Schönheit darstellt: – es ist sein *Dank* für unsere Gastfreundschaft."

Friedrich Nietzsche

Seligpreisung

Selig sind die Wartenden.
An ihnen saust
der Erdball vorüber.
Das schärfste Stück Welt
löst ihren Blick nicht
aus der verheißenen Richtung.

Ulla Hahn, Unerhörte Nähe

7
MÜSSIGGANG – ALLER LIEBE ANFANG
TIME IS HONEY

Muße lebt aus der Bejahung.
Sie ist wie die Stille im Gespräch der Liebenden,
das aus der Übereinstimmung sich nährt.

Josef Pieper

Da wir denn nun Zeit haben, so laßt uns Gutes tun an jedermann.

Galater 6,10

Wer vertraut, wird nichts beschleunigen wollen.

Jesaja 28,16

„Darling, liebst du mich?"

*D*arling, liebst du mich?" fragte Charles Boyer seine Geliebte in einer Szene des Films „Tales of Manhattan", und Rita Hayworth sagt „nein", indem sie antwortet: „Ja, Liebling, aber wir haben nur wenig Zeit." Was in diesem Fall (und auch in ähnlichen Fällen) zu tun wäre, das hat die Deutsche Verkehrswacht in dem warnenden Motto: „Nimm Dir Zeit und nicht das Leben" konzentriert.

Die „Macht der Gefühle" ist in der Zeitform des Augenblicks als Realität anerkannt und die je spezifische Eigenzeit der Gefühle ebenso. „Jeder kennt Gefühle, keiner überblickt sie. Wer die Gefühle beherrscht, verarmt. Wer von ihnen beherrscht wird, muß bald sein Testament machen" (Kluge). Liebe, Vertrauen, Freundschaft, grundlegende menschliche Äußerungsformen, sind nur möglich durch eine Zeitorganisation, die Gefühle und Verstand, Vernunft und Körper und deren Eigenzeiten nicht auseinanderreißt. Eindeutigkeit kann nur gegen einzelne dieser Lebens- und Beziehungsmomente geschaffen werden. Die menschlichen (Zeit-)Verhältnisse sind widersprüchlich und uneindeutig, und nur gegen sie ist Linearität herstellbar. Daher kann sich Charlotte zum Hauptmann in Goethes „Wahlverwandtschaften" erst dann hingezogen fühlen, als dieser in ihrer Nähe „das erste Mal seit vielen Jahren vergessen hat, seine chronometrische Sekundenuhr aufzuziehen".

Karlheinz A. Geißler, Zeit leben

Ununterbrochen süß und herrlich

*S*ie und er gingen zusammen spazieren. Allerlei reizende Gedanken kamen ihnen in den Kopf, doch jedes behielt hübsch für sich, was es dachte. Der Tag war schön, wie ein Kind, das in der Wiege oder im Arm seiner Mutter liegt und lächelt. Die Welt war zusammengesetzt aus lauter Hellgrün und Hellblau und Hellgelb. Grün waren die Wiesen, blau war der Himmel, und gelb war das Kornfeld. Blau war wieder der Fluß, der sich in der Ferne, zu des wohligen Hügels Füßen, durch die lichte, süße, warme Gegend schlängelte, welche, wie wir bereits angedeutet haben, einem Kinderlächeln an Schönheit und Lieblichkeit glich. Die beiden, die durch die Landschaft gingen, schwiegen. Er hatte ihr etwas zu sagen, und sie, sie fühlte es. Sie ging neben ihm her in der Erwartung dessen, was er ihr sagen sollte. Längst schon hatte er ihr sagen wollen, was er jetzt willens war zu sagen, und längst schon hatte sie gehofft, er werde ihr endlich einmal sagen, was ihm, wie sie sah, auf den Lippen schwebte. Eine Liebeserklärung, eine stotternde, lag ihm auf den Lippen, und sie sah das. Seine Augen und der Ton seiner Stimme hatten ihr längst gestanden, daß er sie liebe. Sie fühlte, daß sie reizend sei für ihn, und indem sie dies fühlte, umstrickte sie ihn immer noch mehr mit ihren Reizen, ohne es fast zu wollen. Gibst du einem Mädchen zu verstehen, daß sie schön sei, so ist sie dadurch um so viel schöner, als du Verständnis zeigst. Nie ist eine Frau so reizend als dann, wenn sie sieht, daß sie reizt. Also wurde denn die, die hier ging, nur immer reizender, je weniger sie mehr zu fürchten brauchte, es gebreche ihr an der Kunst und an der Kraft, ihn, der dicht neben ihr herging, zu fesseln. Sie betrachtete ihn im geheimen bereits als ihren Gefangenen, und sie fühlte, daß sie für ihn der Zaubergarten sei voll von verführerischen Düften, daß sie für ihn das Netz sei, in dessen Wunderfäden er sich verstrickt hatte. Sie war sein Meer, in dessen Fluten er ertrunken war – sie war das Gesetz, dem er gehorchte. Er legte jetzt, statt irgend etwas zu sagen, seinen Arm um ihren schlanken Leib, und damit war bereits alles getan, um die beiden in gleich hohem Maß oder Unmaß zu beglücken. Damit war alles gesagt, was er ihr schon so lange hatte sagen wollen und hatte sagen sollen, und alles gestanden, was er Süßes um ihretwillen fühlte. Sie kamen nun in einen kleinen, aber wunderbaren Wald hinein, der ihnen wie ein Liebesort erschien. Es war so still, so grün, so dunkel im Wald wie in einer uralten Kirche. Der Waldboden glich einem grünen Teppich, einem grünen Bett. Kein Fürstensaal in alter und neuer Welt war je so schön wie dieser liebe grüne Wald, der sie wie mit weichen Märchenarmen umfing. Hier nun fing ein sanftes, überinniges und überübersüßes Küssen an, als schnäbelten und liebkosten sich zwei Waldvögelchen in der Weltabgeschiedenheit, verloren und verborgen in Verborgenheiten und Verlorenheiten. Bisher Stümper in der Liebe, war er mit einmal ein Meister geworden. Er erdrückte und erstickte sein Mädchen nicht mit Küssen; er setzte nur Lippe an Lippe und beharrte so in einem langen, langen, himmlischen Brennen, die Hand ganz zart an ihr Haar gedrückt. Es war nichts mehr da als der Wald und der Kuß, als die Stämme im Wald und die beiden glücklichen Menschen, als die ununterbrochene Stille und der ununterbrochene süße, herrliche Kuß.

Robert Walser, Der süße, der herrliche Kuß

Zeiten der Liebe

L eonce: ... wir lassen alle Uhren zerschlagen, alle Kalender verbieten und zählen Stunden und Monde nur nach der Blumenuhr, nur nach Blüte und Frucht. Und dann umstellen wir das Ländchen mit Brennspiegeln, daß es keinen Winter mehr gibt und wir uns im Sommer bis Ischia und Capri hinaufdestillieren, und das ganze Jahr zwischen Rosen und Veilchen, zwischen Orangen und Lorbeer stecken. *Valerio:* Und ich werde Staatsminister, und es wird ein Dekret erlassen, daß, wer sich Schwielen in die Hände schafft, unter Kuratel gestellt wird; daß, wer sich krank arbeitet, kriminalistisch strafbar ist; daß jeder, der sich rühmt, sein Brot im Schweiße seines Angesichts zu essen, für verrückt und der menschlichen Gesellschaft gefährlich erklärt wird; und dann legen wir uns in den Schatten und bitten Gott um Makkaroni, Melonen und Feigen, um musikalische Kehlen, klassische Leiber und eine commode Religion!

Georg Büchner, Leonce und Lena

Uhrenlos, absichtslos

„Nicht jedesmal können Bemühungen belohnt werden.
Manchmal haben Versäumnisse und Unterlassungen gute Folgen."

Robert Walser

Die Liebe findet man nicht mit dem Kalender in der Tasche und auch nicht mit der Uhr am Handgelenk. Sie hat kein Tempo – aber sie hat viel Zeit. Die Zeit der Liebe ist die liebe Zeit.

Wer die Liebe gewissenhaft plant, vernichtet die glücklichen Momente des Lebens zugunsten liebloser Erfolgserlebnisse. Liebe entwickelt sich nur in solchen Situationen, die von fixierten Erwartungen nicht einengend vorstrukturiert sind, die sich von der Zeit tragen lassen. Der Platz der Liebe ist abseits der Verwertung von Zeit. „Wenn man eine Frau liebt, mißt man nicht Länge und Umfang ihrer Beine" (Picasso) – und am besten vergißt man auch seine Uhr...

Die Liebe besitzt man nicht, man lebt sie, und man wird durch sie lebendig; sie lebt vom Zufall und liebt den Zufall. Der sicherste Weg, die Liebe zu verfehlen, ist die Absicht, sie zu wollen. Nur als Ungesuchte findet sie sich ein. Steuert man direkt und planvoll auf sie zu, verkommt sie zur spießbürgerlichen Orgie. Der gerade, der kürzeste Weg mag uns zu Maximalleistungen führen, der Liebe bringt er uns nicht näher. Liebe ist eine Verbindlichkeit, die man auf Umwegen und durch die Nähe zum Zufall erreicht. Kommt man dabei nicht vom Weg ab, bleibt man auf der Strecke.

Als „Einheit von Moment und Dauer, als Paradoxie des Augenblicks mit Ewigkeitswert" (Luhmann) lebt die Liebe von der Widersprüchlichkeit und insbesondere von der Vielfalt der Zeitformen. Man muß Zeit „verlieren", d. h. nur jene Stunden zählen, die nicht gezählt werden. Man muß sich in die Situation zeitloser Zeit-Verschlungenheit begeben...

Nichts Liebevolles kann sich innerhalb der Alltagshetze und der

143

täglichen Abwicklungshast eines Lebens auf die Minute entwikkeln. Die „schnelle Liebe", die es ja auch gibt und die unmittelbaren Zwecken dienstbar ist, findet man bezeichnenderweise meist dort, wo auch sonst der Verkehr in beschleunigter Form abläuft – bevorzugt in der Nähe von Bahnhöfen. Eile kostet Kraft und lenkt ab – und das ist das Gegenteil dessen, was Liebe benötigt. Lieben heißt geduldiges An-sich-herankommen-Lassen und langsames Herankommen. Nur so läßt sich die Würde des Erlebten, die Substanz der Liebe bewahren. Und dies gilt auch für die Liebe zu den Dingen – so z. B. für die intensive Beziehung, die man zu einer in Lindenblütentee getunkten „Madeleine" zu entwickeln imstande ist.

Die Liebenden müssen die Zeit zu einem spielenden Kind machen; ein Kind, das die soziale Ordnung um es herum und die anerzogenen Pflichten vergißt. „O Muse, du hast mein Herz berührt/ Mit einem Liebeshauch", dichtete Mörike „Auf einer Wanderung".

Geliebt werden einzig diejenigen, die frei von Absichten Zeit haben zu lieben. Und geliebt wird einzig nur dort, wo man sich zeitvergessen geben darf und dafür belohnt und nicht – wie sonst so häufig – bestraft wird. Time is honey.

Karlheinz A. Geißler, Zeit

„Bitte ... zähme mich"

„Guten Tag", sagte der Fuchs.
„Guten Tag", antwortete höflich der kleine Prinz, der sich umdrehte, aber nichts sah.
„Ich bin da", sagte die Stimme, „unter dem Apfelbaum ..."
„Wer bist du?" sagte der kleine Prinz. „Du bist sehr hübsch ..."
„Ich bin ein Fuchs", sagte der Fuchs.
„Komm und spiel mit mir", schlug ihm der kleine Prinz vor. „Ich bin so traurig ..."

„Ich kann nicht mit dir spielen", sagte der Fuchs. „Ich bin noch nicht gezähmt!"

„Ah, Verzeihung!" sagte der kleine Prinz.

Aber nach einiger Überlegung fügte er hinzu:

„Was bedeutet das: ‚zähmen'?"

„Du bist nicht von hier", sagte der Fuchs, „was suchst du?"

„Ich suche die Menschen", sagte der kleine Prinz. „Was bedeutet, zähmen'?"

„Die Menschen", sagte der Fuchs, „die haben Gewehre und schießen. Das ist sehr lästig. Sie ziehen auch Hühner auf. Das ist ihr einziges Interesse. Du suchst Hühner?"

„Nein", sagte der kleine Prinz, „ich suche Freunde. Was heißt ‚zähmen'?"

„Das ist eine in Vergessenheit geratene Sache", sagte der Fuchs. „Es bedeutet: sich ‚vertraut machen'."

„Vertraut machen?"

„Gewiß", sagte der Fuchs. „Du bist für mich noch nichts als ein kleiner Knabe, der hunderttausend kleinen Knaben völlig gleicht. Ich brauche dich nicht, und du brauchst mich ebensowenig. Ich bin für dich nur ein Fuchs, der hunderttausend Füchsen gleicht. Aber wenn du mich zähmst, werden wir einander brauchen. Du wirst für mich einzig sein in der Welt. Ich werde für dich einzig sein in der Welt…"

„Ich beginne zu verstehen", sagte der kleine Prinz. „Es gibt eine Blume… ich glaube, sie hat mich gezähmt…"

„Das ist möglich", sagte der Fuchs. „Man trifft auf der Erde alle möglichen Dinge…"

„Oh, das ist nicht auf der Erde", sagte der kleine Prinz.

Der Fuchs schien sehr aufgeregt:

„Auf einem anderen Planeten?"

„Ja."

„Gibt es Jäger auf diesem Planeten?"

„Nein."

„Das ist interessant! Und Hühner?"

„Nein."

„Nichts ist vollkommen!" seufzte der Fuchs.

Aber der Fuchs kam auf seinen Gedanken zurück:

„Mein Leben ist eintönig. Ich jage Hühner, die Menschen jagen mich. Alle Hühner gleichen einander, und alle Menschen gleichen einander. Ich langweile mich also ein wenig. Aber wenn du mich zähmst, wird mein Leben wie durchsonnt sein. Ich werde den Klang deines Schrittes kennen, der sich von allen andern unterscheidet. Die anderen Schritte jagen mich unter die Erde. Der deine wird mich wie Musik aus dem Bau locken. Und dann schau! Du siehst da drüben die Weizenfelder? Ich esse kein Brot. Für mich ist der Weizen zwecklos. Die Weizenfelder erinnern mich an nichts. Und das ist traurig. Aber du hast weizenblondes Haar. Oh, es wird wunderbar sein, wenn du mich einmal gezähmt hast! Das Gold der Weizenfelder wird mich an dich erinnern. Und ich werde das Rauschen des Windes im Getreide liebgewinnen."

Der Fuchs verstummte und schaute den Prinzen lange an:

„Bitte ... zähme mich!" sagte er.

„Ich möchte wohl", antwortete der kleine Prinz, „aber ich habe nicht viel Zeit. Ich muß Freunde finden und viele Dinge kennenlernen."

„Man kennt nur die Dinge, die man zähmt", sagte der Fuchs. „Die Menschen haben keine Zeit mehr, irgend etwas kennenzulernen. Sie kaufen sich alles fertig in den Geschäften. Aber da es keine Kaufläden für Freunde gibt, haben die Leute keine Freunde mehr. Wenn du einen Freund willst, so zähme mich!"

„Was muß ich da tun?" sagte der kleine Prinz.

„Du mußt sehr geduldig sein", antwortete der Fuchs. „Du setzt dich zuerst ein wenig abseits von mir ins Gras. Ich werde dich so verstohlen, so aus dem Augenwinkel anschauen, und du wirst nichts sagen. Die Sprache ist die Quelle der Mißverständnisse. Aber jeden Tag wirst du dich ein bißchen näher setzen können ..."

Am nächsten Morgen kam der kleine Prinz zurück.

„Es wäre besser gewesen, du wärst zur selben Stunde wiedergekommen", sagte der Fuchs. „Wenn du zum Beispiel um vier Uhr nachmittags kommst, kann ich um drei Uhr anfangen, glücklich zu sein. Je mehr die Zeit vergeht, um so glücklicher werde ich mich fühlen. Um vier Uhr werde ich mich schon aufregen und beunruhigen; ich werde erfahren, wie teuer das Glück ist. Wenn du aber irgendwann kommst, kann ich nie wissen, wann mein Herz da sein soll ... Es muß feste Bräuche geben."

„Was heißt ‚fester Brauch'?" sagte der kleine Prinz.

„Auch etwas in Vergessenheit Geratenes", sagte der Fuchs. „Es ist das, was einen Tag vom andern unterscheidet, eine Stunde von den andern Stunden. Es gibt zum Beispiel einen Brauch bei meinen Jägern. Sie tanzen am Donnerstag mit den Mädchen des Dorfes. Daher ist der Donnerstag der wunderbare Tag. Ich gehe bis zum Weinberg spazieren. Wenn die Jäger irgendwann einmal zum Tanze gingen, wären die Tage alle gleich und ich hätte niemals Ferien."

So machte denn der kleine Prinz den Fuchs mit sich vertraut. Und als die Stunde des Abschieds nahe war:

„Ach!" sagte der Fuchs, „ich werde weinen."

„Das ist deine Schuld", sagte der kleine Prinz, „ich wünschte dir nichts Übles, aber du hast gewollt, daß ich dich zähme ..."

„Gewiß", sagte der Fuchs.

„Aber nun wirst du weinen!" sagte der kleine Prinz.

„Bestimmt", sagte der Fuchs.

„So hast du also nichts gewonnen!"

„Ich habe", sagte der Fuchs, „die Farbe des Weizens gewonnen."
Dann fügte er hinzu:

„Geh die Rosen wieder anschauen. Du wirst begreifen, daß die deine einzig ist in der Welt.

Du wirst wiederkommen und mir adieu sagen, und ich werde dir ein Geheimnis schenken."

Der kleine Prinz ging, die Rosen wiederzusehn:

„Ihr gleicht meiner Rose gar nicht, ihr seid noch nichts", sagte er zu ihnen. „Niemand hat sich euch vertraut gemacht, und auch ihr habt euch niemandem vertraut gemacht. Ihr seid, wie mein Fuchs war. Der war nichts als ein Fuchs wie hunderttausend andere. Aber ich habe ihn zu meinem Freund gemacht, und jetzt ist er einzig in der Welt."
Und die Rosen waren sehr beschämt...

Und er kam zum Fuchs zurück:
„Adieu", sagte er...
„Adieu", sagte der Fuchs. „Hier mein Geheimnis. Es ist ganz einfach: man sieht nur mit dem Herzen gut. Das Wesentliche ist für die Augen unsichtbar."
„Das Wesentliche ist für die Augen unsichtbar", wiederholte der kleine Prinz, um es sich zu merken.
„Die Zeit, die du für deine Rose verloren hast, sie macht deine Rose so wichtig."
„Die Zeit, die ich für meine Rose verloren habe...", sagte der kleine Prinz, um es sich zu merken.
„Die Menschen haben diese Wahrheit vergessen", sagte der Fuchs. „Aber du darfst sie nicht vergessen. Du bist zeitlebens für das verantwortlich, was du dir vertraut gemacht hast. Du bist für deine Rose verantwortlich..."
„Ich bin für meine Rose verantwortlich...", wiederholte der kleine Prinz, um es sich zu merken.

Antoine de Saint-Exupéry, Der kleine Prinz

Zärtlichkeit – Zeit für den anderen

Zärtlichkeit hat etwas mit der gelassenen Wahrnehmung der Wirklichkeit des anderen zu tun. Und diese gelassene Wahrnehmung der Wirklichkeit des anderen, seiner Gestalt, geschieht mit dem Herzen, nicht mit der Berechnung des Kopfes. Der kleine Prinz von Saint-Exupéry sagt: „Man sieht nur mit dem Herzen gut." Diese Wahrnehmung des anderen geschieht aber auch nur dadurch, daß ich *Zeit* für den anderen hergebe. So sagt der Fuchs zum kleinen Prinzen bei Saint-Exupéry: „Die Zeit, die du für deine Rose verloren hast, sie macht deine Rose so wichtig." Es ist undenkbar, daß eine Wahrnehmung der Gestalt des anderen anders als in der Form der Dauer, in der Form des Sich-Einlassens, in der Form des Zeithabens, des Zeitverschenkens geschieht. Die Einzigkeit des anderen, das ist die Lehre des kleinen Prinzen, entsteht aus der Zeit für den anderen. Zärtlichkeit schon im Modus der Wahrnehmung, Zärtlichkeit darüber hinaus im Modus der Angstfreiheit verlangt Dauer, und zwar die Dauer, die wir uns gegenseitig schenken. So sagt Peter Handke: „Sie sagte zu mir: ‚Du mußt noch lange leben!' Und ich freute mich darüber."

Die schweratmige Leistungssexualität ist der Zärtlichkeit zwischen Liebenden ebenso feindlich wie die frigide Selbstbestätigung durch Attitüden des Dauer-Flirts mit allem und jedem. Die Mitte zwischen Ernst und Spiel ist freilich bei den Menschen verschieden. Sie in einer Beziehung zu finden setzt daher Abstimmung und Lernbereitschaft voraus. So kann Zärtlichkeit zur Feinabstimmung zwischen Personen in Zeit und Raum werden.

Zärtlichkeit verträgt sich nicht mit Aktivismus, aber auch nicht mit phlegmatischer Passivität. Sie entfaltet sich als Kunst der Balance zwischen Entspannung und Gespanntheit. Sie gleicht der Kunst des Bogenschießens, wie sie als Zen-Übung verwendet wird. Sie geht zugleich mit dem Rhythmus der Zeit, der Lebensalter. Sie verträgt Aufmerksamkeit für die Wandlungen von Zeit und Raum.

Sie mit einer Zeit, mit einem Raum gleichzusetzen ist falsch. So etwas gliche den sexistischen Auslösereffekten in amerikanischen Kriminalromanen: „man bringt sich in Stimmung". Die Technisierung einiger weniger, recht ärmlicher Zärtlichkeitsformen durch die Werbung zerstört sowohl Meditation wie Spontaneität.

Dietmar Mieth, Die Kunst, zärtlich zu sein

Zur Einführung des Sechs-Minuten-Telefontakts

*M*an kann sagen: Ein Telefongespräch von sechs Minuten ist doch immer noch ein Telefongespräch. Das will ich nicht leugnen: Ich bin aber überzeugt, daß es so ein ganz anderes Telefongespräch ist und daß sich auf Grund dieser Grenze vieles ändern wird. Sechs Minuten passen für den mittel- oder gut verdienenden Mann mittleren Alters in ziemlich leitender Stellung, mit Nacken verdeckendem Fassonschnitt und nebulösem Bewußtsein von Frau und Kind, denn er hat niemals mehr als drei, vier Minuten gebraucht. Denken wir aber nur an die Liebespaare in ihren verschiedenen Lebenslagen: in vorhochzeitlichen, illegalen oder rein abenteuerlichen Situationen; und in all ihren Tonlagen: seien sie nun ruhig, rasend, intolerant, depressiv, mißtrauisch, aggressiv, hinterlistig, komplizenhaft, sinnlich, sublimiert, verzweifelt oder glücklich. Will man sie wirklich mit sechs Telefonminuten abspeisen? Das ist doch heller Wahn, wenn nicht purer Sadismus. Kann man denn in sechs Minuten hinschmelzen, anklagen, beschwören, weinen, schluchzen, sich wieder versöhnen, eine quälende Vergangenheit erforschen, eine berauschende Zukunft ausmalen, die dann zur quälenden Vergangenheit des nächsten Anrufs wird? Man kann einwenden, daß sich so geartete Liebespaare über die Sechs-Minuten-Grenze hinwegsetzen und sie um zwölf, achtzehn Minuten und alle weiteren Vielfachen von sechs überschreiten werden. Gerade das befürchte ich: denn als Folge davon werden vermögende Familien mit ver-

150

liebten Söhnen und Töchtern an den Bettelstab kommen; „das Telefon war ihr Ruin", wird man sagen, wie es früher hieß „das Spiel war ihr Ruin". Ich bringe es auch nicht über mich, die abschweifenden Plaudereien zwischen Freundinnen und Freunden zu verachten, jene rätselhaften, von Schweigepausen durchsetzten Gespräche mit ihren tausend Andeutungen, welche unsere durch das Leben verarmten Tage bereichern. Sechs Minuten, Freunde: Glaubt denen nicht, die von „unnützem Geschwätz" sprechen. Von unnützen Dingen leben wir ja; und von den nützlichen werden wir aufgebraucht, durch sie kommen wir herunter und sterben.

Giorgio Manganelli, Manganelli furioso

Summe unseres Lebens

*S*ag, wie wär' es, alter Schragen,
wenn du mal die Brille putztest,
um ein wenig nachzuschlagen,
wie du deine Zeit benutztest.
Oft wohl hätten dich so gerne
weiche Arme warm gebettet;
doch du standest kühl von ferne,
unbewegt, wie angekettet.
Oft wohl kam's, daß du die schöne
Zeit vergrimmtest und vergrolltest,
nur weil diese oder jene
nicht gewollt, so wie du wolltest.
Demnach hast du dich vergebens
meistenteils herumgetrieben;
denn die Summe unseres Lebens
sind die Stunden, wo wir lieben.

Wilhelm Busch

Auch Trauer braucht Zeit

*W*er je so viel von sich selbst weggegeben hat, hinübergegeben in einen anderen Menschen, wie es einem Liebenden geschieht, der weiß, wie wenig von ihm selbst übrigbleibt, wenn ihm der geliebte Mensch genommen wird. Wer je einem Kind das Leben geschenkt hat, kann wissen, daß es sich nie ganz ablöst, sondern immer, für eine ganze Lebenszeit, ein Teil von ihm bleibt. Wenn mein Kind stirbt, bleibe ich nicht übrig, wie ich war. Es geht etwas von mir selbst fort, unbekannt wohin, und nie werde ich wieder der oder die sein, die oder der ich vordem war. Es bricht etwas ab auch von der Welt, in der ich lebe, es reißt etwas auf und wird sich nicht wieder ganz schließen. Und nie wird mich die Schönheit dieser Welt wieder so unmittelbar berühren wie vordem.

Als unser Sohn, unser erstes Kind, einjährig, beim Spiel sich mit der Schnur seines Jäckchens, die um seinen Hals lief, an einem Wandhaken erhängte, war uns das ganz plötzlich sehr nahe. Und als er, gegen alle ärztliche Vermutung und wie durch ein Wunder, gesund und am Leben blieb, wußten wir genauer, was es heißt, ein Kind zu haben, das Leben eines Kindes als unser eigenes Leben zu begleiten, und denen näher zu sein, deren Schicksal es ist, ein Kind zu verlieren.

Darum ist es so nötig, daß wir wiederfinden, was es heißt, andere Menschen in ihren Schicksalen zu begleiten über lange Zeit. Denn die Zeit heilt nicht. Sie tröstet nicht. Sie bestätigt nur immer aufs neue, daß der Verlust unheilbar und daß Trost zumeist kein Trost ist. Nichts wird abgelegt oder überwunden oder gar vergessen. Dazu haben auch die mittlerweile mehr als fünfzig Jahre nicht geholfen, die für viele noch heute lebende Mütter vergangen sind, seit ihre Kinder im großen Krieg den Soldatentod starben. Wichtig bleibt, was der Zeit gerade entgegenläuft, das Erinnern und das immer neue Erinnern. Und gefährlich für das Leben der eigenen Seele ist alles, was Abstand nehmen heißt, Verdrängen oder Vergessen.

Notwendig aber ist, daß, wer nicht vergessen kann und darf, Begleitung findet. Und das in einer Zeit und Welt, der es immer fremder wird, was denn eigentlich Begleitung heißt, in der man es angemessen findet, daß jeder sein eigenes Schicksal übernimmt und daß er mit jeder Art von Schicksal allein zurechtkommt, ohne die Menschen um ihn her damit zu belasten. Solche Begleitung erfordert, was unserer Zeit immer fremder zu werden scheint, daß ein Mensch fähig ist, eigene Interessen zurückzustellen. Wer nicht von sich selbst absehen vermag, kann nicht wahrnehmen, was in einem Trauernden geschieht. Solche Begleitung erfordert, daß ein Mensch mit Trauer vertraut ist. Wer sich in die Wahrheit des Daseins mit all seinen Abgründen und Traurigkeiten nicht selbst hineinbegeben kann, wird nicht mit anderen zusammen in Abgründe hinabsteigen können. Wer Trauernde begleiten will, muß wissen, wie Trauer durchlebt wird und durchgestanden. Nämlich nicht mit Hilfe von Ablenkung oder Vertröstung, sondern nur so, daß der Weg durch eine lichtlose Landschaft gegangen wird. Denn das Licht, das wir am Ende hoffen und glauben, muß geglaubt und kann nicht geschaut werden.

Kein Mitleid ist nötig, wohl aber die Fähigkeit, mitzuleiden. Nicht die Herablassung des Glücklichen zum Trauernden, sondern das gemeinsame Aushalten auf der Sohle der Trauer. Nicht Teilnahme ist nötig, sondern die Fähigkeit, seinen Teil am Schicksal des anderen zu übernehmen. Nicht schnelle Trostworte sind nötig, sondern die Geduld mit der langen Zeit, die vielleicht vergeht, bis das erste Wort eines wirklichen Trostes gelingt.

Trost besteht ja nicht darin, daß etwas Schönes gesagt wird oder etwas Hoffnungsvolles. Das mag eines Tages dazukommen und dann auch notwendig und hilfreich sein. Trost liegt darin, daß mitten im entgleitenden, im tödlich wegbrechenden Leben ein lebendiger Mensch ist, der auf ein Stück seiner eigenen Lebendigkeit verzichtet, um an der tödlichen Bedrohtheit der Seele eines anderen Menschen teilzunehmen. Trösten kann, wer selbst Trost gefunden hat in seinem Leiden, nicht an einem besonderen Schicksal vielleicht, sondern am Dasein überhaupt, wie es ist und wie es in seiner Gänze ist. Trösten kann, wer dabei das Dasein in seiner Gänze umfangen gesehen hat von einer großen, ernsten und strengen Liebe, die hinter allem Schicksal am Werk ist. Trösten kann nicht, wer irgend etwas besser weiß, sondern wer weiß, daß es nichts gibt, das besser zu wissen wäre, und wer sich dem anvertraut, den er hinter allem Schicksal glaubt. Trost ist auch nichts, das einmal ausgesprochen für alle Zeiten gelten will. Trost ist eine Insel in einem Meer von Verzweiflung. Eine Insel im Meer der Zeit. Es ist ein Augenblick, in dem ein Mensch Boden unter den Füßen empfindet, ehe das Wasser ihn wieder zu verschlingen droht. Trost ist, daß es solche Inseln gibt. Worte und Zeichen wie Inseln.

Jörg Zink

Die Liebe hat Zeit

*D*ie Liebe hat Zeit.
Sie liebt mit langem Atem.
Sie ist freundlich.
Sie erzwingt nichts
und nimmt den Geliebten, wie er ist.
Sie fällt nicht auf
und stellt sich nicht zur Schau.
Sie verletzt nicht.
Sie greift nicht an.
Sie sucht keinen Gewinn.

Sie wird nicht bitter
durch bittere Erfahrung.
Sie rechnet das Böse nicht zu.
Sie trauert über das Unrecht
und freut sich über die Wahrheit.

Die Liebe trägt alles.
Die Liebe glaubt alles.
Die Liebe hofft alles.
Sie beugt sich der Last
und bleibt geduldig gebeugt.

Unvergänglich ist die Liebe.
Menschliches Wissen um Gott
wird verwehen,
was Menschen geredet,
verhallen,
was sie forschten und dachten,
zu Ende gehen.

Nun aber bleiben
Glaube, Hoffnung, Liebe, diese drei.
Aber die größte unter ihnen ist die Liebe.

Paulus, 1. Korintherbrief

Corona

*A*us der Hand frißt der Herbst mir sein Blatt: wir sind Freunde.
Wir schälen die Zeit aus den Nüssen und lehren sie gehn:
die Zeit kehrt zurück in die Schale.

Im Spiegel ist Sonntag,
im Traum wird geschlafen,
der Mund redet wahr.

Mein Aug steigt hinab zum Geschlecht der Geliebten:
wir sehen uns an,
wir sagen uns Dunkles,
wir lieben einander wie Mohn und Gedächtnis,
wir schlafen wie Wein in den Muscheln,
wie das Meer im Blutstrahl des Mondes.
Wir stehen umschlungen im Fenster, sie sehen uns zu von der Straße:
es ist Zeit, daß man weiß!
Es ist Zeit, daß der Stein sich zu blühen bequemt,
daß der Unrast ein Herz schlägt.
Es ist Zeit, daß es Zeit wird.

Es ist Zeit.
Paul Celan, Gedichte

8
Zur Ruhe – und zu sich selber kommen
Nach innen geht der Weg

Eigentlich bin ich ganz anders, ich komme nur so selten dazu.

Ödön von Horváth

Was nützt es uns, zum Mond reisen zu können, wenn es uns nicht gelingt, den Abgrund zu überwinden, der uns von uns selbst trennt? Dies ist die wichtigste aller Entdeckungsreisen; ohne sie sind alle anderen nicht nur nutzlos, sondern zerstörerisch.

Thomas Merton

Halt an!

*H*alt an, wo läufst du hin?
Der Himmel ist in dir.
Suchst du ihn anderswo,
fehlst du ihm für und für.

Angelus Silesius, Cherubinischer Wandersmann

Die Unruh kommt von dir

*N*ichts ist, das dich bewegt,
du selber bist das Rad,
Das aus sich selbst lauft
und keine Ruhe hat.

Angelus Silesius, Cherubinischer Wandersmann

Schweigt

*J*etzt zählen wir zwölf,
und wir rühren uns alle nicht.

Einmal laßt uns auf Erden
in keiner Sprache sprechen,
für eine Sekunde stehenbleiben,
nicht soviel die Arme bewegen.

Das wäre eine leuchtende Minute
ohne Hast, ohne Lokomotiven,
wir alle wären beisammen
in einer Augenblicksunruhe.

Die Fischer des kühlen Meeres
würden den Walen nichts antun
und der Salzarbeiter würde
auf seine zerfressenen Hände blicken.

Sie, die grüne Kriege vorbereiten,
Gaskriege, Flammenkriege,
Siege ohne Überlebende,
würden ein makelloses Kleid sich anziehn
und spazierengehn
mit ihren Brüdern
im Schatten, ohne was zu tun.

Man verwechsle nicht, was ich will,
mit dem endgültigen Nichtstun:
das Leben ist einzig, was man tut,
ich halte nichts vom Tode.

Da wir nicht vermögen, einträchtig zu sein,
wenn wir unser Leben so viel rühren,
vielleicht vermag Nichtstun einmal,
vielleicht ein großes Schweigen
diese Trostlosigkeit zu unterbrechen,
dieses uns nie Verstehen,
dieses mit dem Tod uns Bedrohen,
vielleicht soll die Erde uns lehren,
wenn alles tot erscheint
und doch alles lebendig war.

Jetzt werde ich bis zwölf zählen,
und du schweigst und ich geh fort.

Pablo Neruda, Viele sind wir

Der Weg

*D*er Weg der Reisenden, die zur Stadt gehen, ist derselbe wie der Weg derer, die aus der Stadt kommen. Auch die Haustür ist die gleiche für diejenigen, die eintreten, und für diejenigen, die hinausgehen... Was soll damit angedeutet werden? Daß du keinen ganz neuen, dir bislang völlig unbekannten Weg suchen mußt, wenn du zur Wahrheit zurückkehren willst; nein, du mußt nur jenen dir bekannten Weg wiederfinden, den du herabgestiegen bist. Folge also in umgekehrter Richtung deinen eigenen Spuren.

Bernhard von Clairvaux

Reise zurück

*E*s gibt eine aufschlußreiche Geschichte von einem Mönch, der in der ägyptischen Wüste lebte und so von Versuchungen gequält wurde, daß er es nicht mehr länger aushalten konnte. Er beschloß also, seine Zelle zu verlassen und an einen anderen Ort zu gehen. Als er seine Sandalen anlegte, um seinen Entschluß auszuführen, sah er nicht weit entfernt einen anderen Mönch, der sich auch die Sandalen anzog.

„Wer bist du?" fragte er den Fremden.

„Ich bin dein eigenes Ich", lautete die Antwort, „solltest du etwa meinetwegen diesen Ort verlassen, dann wisse, wohin du auch immer gehst, ich stets mit dir gehen werde."

Ein verzweifelter Patient sagte zu seinem Psychiater: „Wohin ich auch gehe, immer muß ich mich mitnehmen, und das verdirbt mir jeden Spaß."

Wovor du wegläufst
und wonach du dich sehnst,
beides ist in dir.

Anthony de Mello, Warum der Schäfer jedes Wetter liebt

Heimkehr

Das Wort „Reise" kann mit dem Leben in Verbindung gebracht werden. Denn wir können „Leben" von zwei Aspekten her betrachten und es darum entweder Reise oder Ziel nennen.

Warum sollten wir das Leben als eine Reise betrachten? – Weil es den Wandel in der Natur und den Wandel in den Erfahrungen gibt. Wir gehen von einer Erfahrung zur anderen; dies ist auch die Bedeutung des Wortes Reise: von einem Ort zu einem anderen gehen, von einer Erfahrung zur anderen. Das ganze äußere Leben ist nichts anderes als eine Folge von Erfahrungen, eine nach der andern, Tag und Nacht. Darum können wir es als Reise bezeichnen.

Doch gibt es noch einen anderen Aspekt des Lebens, aus dem dieses Leben des Wandels hervorgegangen ist. Jenes Leben ist unveränderlich, ist ewig. Es ist das Leben, zu dem alles zurückkehrt. Jenes Leben ist das Ziel. Das Ziel ist der beständige Teil des Lebens, der Ursprung des Lebens; das offenbare Leben, Schöpfung genannt, ist die Reise.

Hazrat Inayat Khan, Wanderer auf dem inneren Pfad

Durchreise

*I*m vorigen Jahrhundert besuchte ein Tourist aus den Vereinigten Staaten den berühmten polnischen Rabbi Hofetz Chaim.

Erstaunt sah er, daß der Rabbi nur in einem einfachen Zimmer voller Bücher wohnte. Das einzige Mobiliar waren ein Tisch und eine Bank.

„Rabbi, wo sind Ihre Möbel?" fragte der Tourist.

„Wo sind Ihre?" erwiderte Hofetz.

„Meine? Aber ich bin nur zu Besuch hier. Ich bin nur auf der Durchreise", sagte der Amerikaner.

„Genau wie ich", sagte der Rabbi.

Chassidische Geschichte

Nach innen

*W*er nicht haltmacht und den Blick nach innen wendet, wird nicht finden. Das Suchen und Vergleichen des Verstandes ist ganz und gar falsch. Wendeten die Menschen ihre Aufmerksamkeit auf das Ich zurück, sie würden alles verstehen.

Zen-Weisheit

Tief in sich

*D*er heutige Mensch scheut das Schweigen ganz besonders. Es fällt ihm schwer, für sich allein innezuhalten. Immer drängt es ihn, in Bewegung zu sein, etwas zu unternehmen und etwas zu sagen. Und so ist denn sein Handeln meistens nicht frei, schöpferisch und dynamisch, wie er gern annimmt; es ist zwanghaft. Wenn man lernt, innezuhalten und zu schweigen, wird man *frei*, zu handeln oder nicht zu handeln, zu reden oder nicht zu reden, und menschliches Reden und Handeln erlangen dann neue Tiefe und neue Kraft.

Der heutige Mensch kann nicht mehr tief in sich gehen. Sobald er es versucht, wird er aus seinem Herzen gleichsam herausgeschwemmt, so wie die See eine Leiche ans Ufer spült. Der Mensch kann nur glücklich werden, wenn er zu den Quellen des Lebens in den Tiefen seiner Seele gelangt; doch wird er dauernd aus seinem Zuhause verbannt und aus der stillen Klause seines geistlichen Lebens ausgeschlossen. Somit hört er auf, Person zu sein.

Der Dichter Khalil Gibran sagt: „Man redet, wenn man nicht mehr mit sich selbst in Frieden lebt. Und wenn man nicht mehr in den Tiefen seines Herzens wohnen kann, lebt man auf seinen Lippen. Dann wird Getön zum Vergnügen und zum Zeitvertreib."

Anthony de Mello, Von Gott berührt

Der Einsiedler

Zu einem Einsiedler kamen eines Tages Menschen.
Sie fragten ihn: „Welchen Sinn siehst du in deinem Leben der Stille?"
Er war gerade mit dem Schöpfen von Wasser beschäftigt, aus einer tiefen Zisterne. Er überlegte.
Er sprach: „Schaut in die Zisterne. Was seht ihr?"
Die Besucher blickten in die tiefe Zisterne. „Wir sehen nichts."
Nach einer Weile forderte der Einsiedler die Leute wieder auf: „Schaut in die Zisterne. Was seht ihr?"
Sie blickten hinunter und sagten: „Jetzt sehen wir uns selbst!"
Der Einsiedler sprach: „Als ich vorhin Wasser schöpfte, war das Wasser unruhig, und ihr konntet nichts sehen. Jetzt ist das Wasser ruhig, und man sieht sich selber. Das ist die Erfahrung der Stille."

Parabel

163

Erregung zerstreut

*I*n fließendem Wasser kann man sein eigenes Bild nicht sehen, wohl aber in ruhendem Wasser. Nur was selber ruhig bleibt, kann zur Ruhestätte all dessen werden, was Ruhe sucht.

Konfuzius

Ins Herz

*S*agte der Meister zu dem Geschäftsmann: „Wie der Fisch zugrunde geht auf dem Trockenen, so geht Ihr zugrunde, wenn Ihr Euch verstrickt in den Dingen der Welt. Der Fisch muß zurück in das Wasser – Ihr müßt zurück in die Einsamkeit."
Der Geschäftsmann war entsetzt. „Muß ich mein Geschäft aufgeben und in ein Kloster gehen?"
„Nein, nein, behaltet Euer Geschäft und geht in Euer Herz."

Anthony de Mello, Eine Minute Weisheit

Tranquilizer

*E*ine aktive junge Frau fühlte sich gestreßt und überanstrengt. Der Arzt verschrieb ihr Tranquilizer und sagte, sie solle nach einigen Wochen wiederkommen.
Als sie das nächste Mal kam, fragte er sie, ob sie sich besser fühle. Sie sagte: „Nein, aber ich habe festgestellt, daß die anderen Leute viel entspannter zu sein scheinen."

Anthony de Mello, Wer bringt das Pferd zum Fliegen?

164

Von der Ruhe des Gemütes

Wer Pfeile mit dem Pflug schießen oder Hasen mit Ochsen jagen will, bei dem ist keine Rede von Mißgeschick, und wer mit Reusen und Netzen keine Hirsche und Säue fängt, dem stellt sich die eigene Einfalt und Torheit, die Unmögliches will, in den Weg, nicht aber ein böser Dämon. Schuld daran ist meist unsere Eigenliebe, die überall den ersten Rang will und unersättlich nach allem verlangt. Die Menschen wollen zugleich reich und klug und stark, gute Trinker und angenehme Gesellschafter, Freunde der Könige und hohe Beamte in den Städten sein, und wenn ihre Hunde und Pferde, ihre Wachteln und Hähne nicht überall den ersten Preis davontragen, so vergehen sie vor Neid. Der Perser Megabyzos kam einst in die Werkstatt des Malers Apelles und redete klug über die Kunst, bis Apelles den Finger auf den Mund legte mit den Worten: „Da du schwiegst, erschienst du bedeutend durch dein Gold und Purpur; aber nun lachen die Buben, die den Ocker reiben, über dein Geschwätz."

Plutarch, Von der Ruhe des Gemüts

Beruhigtes Denken

Nach Stille suchen wir bewußt oder unbewußt in jedem Augenblick unseres Lebens. Wir suchen nach der Stille und laufen gleichzeitig vor ihr davon. Wann wird das Wort Gottes vernommen? – In der Stille. Die Seher, Heiligen, Propheten und Meister vernahmen jene Stimme aus dem Innern, indem sie selbst still wurden. Ich will damit nicht sagen, daß zu jemandem gesprochen wird, weil er still ist. Ich meine damit, man könne das Wort vernehmen, das stets aus dem Innern erklingt, wenn man einmal still geworden ist. Wenn das Denken zur Ruhe gebracht wird, können wir auch mit jedem, der uns begegnet, in Verbindung treten. Es braucht dazu nicht viele

Worte – wenn die Blicke sich treffen, versteht man sich. Zwei Menschen mögen ihr ganzes Leben miteinander reden und diskutieren und doch einander niemals verstehen; zwei andere mit ruhigem Gemüt schauen einander an, und in einem Augenblick besteht eine Verbindung zwischen ihnen.

Hazrat Inayat Khan, Wanderer auf dem inneren Pfad

Stilles Wasser

*W*enn Wasser sich in Ruhe befindet, ist es so klar, daß es den Bart eines Mannes widerspiegeln kann; es erhält sich völlig waagerecht und wird auch vom Zimmermann benutzt, um die Waagerechte zu bestimmen. Wenn nun das Wasser klar ist, wenn es sich in Ruhe befindet, wieviel mehr der Menschengeist! Wenn der Geist des Weisen ruhig ist, wird er zum Spiegel des Alls, der alles, was in ihm liegt, widerspiegelt.

Lao Tse

Kein Vergleich

*A*bbas Poimen erzählte: Der Abbas Paphnutios pflegte zu sagen: In alten Zeiten, als die Altväter noch lebten, ging ich zweimal im Monat zu ihnen – die Entfernung betrug zwölf Meilen – und legte ihnen mein ganzes Denken dar, und sie sagten nichts anderes als dies: „An welchen Ort du auch hinkommst, vergleiche dich nicht mit anderen, und du wirst Ruhe finden."

Wüstenväter

Gefunden

*I*n einer kleinen Stadt mitten im Chinesischen Reich wohnte einst ein Mann, der eine Art Kontrabaß besaß. Er war Musiker zeit seines Lebens und liebte es zu spielen. Jeden Morgen, zur selben Stunde, nahm er sein Instrument, legte den Finger stets nur auf eine einzige Stelle der einen Saite und strich mit dem Bogen gleichmäßig den Ton. Nie veränderte er seine Haltung, nie variierte er Griff oder Rhythmus. Eines Tages, als seine Frau vom Markt nach Hause kam, sprach sie zu ihm:

„Mein Herr und Gebieter, mir ist heute etwas Sonderbares widerfahren. Auf dem Weg zu den Händlern hörte ich plötzlich liebliche Laute, so rein, so zart, daß ich den ungewohnten Klängen folgte. Und ich traf einen Mann an einem Instrument, gleich wie das Eure. Es hatte aber fünf Saiten, und der Mann ließ alle seine Finger über den Steg gleiten, flink und geschickt, als seien sie Mäuse. Dabei spielte er eine wunderschöne Melodie. Warum, mein Herr und Gebieter", so fragte die Frau, „laßt Ihr nicht Eure Finger, die nicht minder flink sind, wie ich weiß, über das Holz eilen, und warum nehmt Ihr nicht auch fünf Saiten anstatt nur eine?"

Der Musiker, der seiner Frau aufmerksam zugehört hatte, sah sie lange an: „Dieser Mann sucht noch", sagte er, „ich aber habe gefunden."

Chinesisch

Wohin des Weges?

Als der Weise ostwärts zum Ozean reiste, begegnete er Yüan-Feng am östlichen Meer.

„Wohin des Wegs?" rief der ihm zu.

„Ich gehe zum Ozean", antwortete der Weise.

„Was willst du da tun?" fragte Yüan-Feng.

„Tun?" sagte der Weise.

„Der Ozean ist kein Ding, das du durch Eingießen füllen oder durch Ausschöpfen leeren kannst. Ich gehe zu ihm, um mich an ihm zu erfreuen."

Dschuang Dse

9
Lebe den Augenblick
Im Hier und Jetzt Erfüllung finden

Der Augenblick ist nicht eigentlich das Atom der Zeit,
sondern das Atom der Ewigkeit.

Sören Kierkegaard

Wir leben immer für die Zukunft:
Ewiges Stimmen, und nie beginnt das Konzert.

Ludwig Börne

Leben ist, was dir passiert,
während du andere Pläne machst.

John Lennon

Nichts ist so wichtig
wie der heutige Tag.

Johann Wolfgang von Goethe

Vorfreuden

*D*as Leben ist so eine Sache. Sagt Hans. Morgens freust du dich auf die Mittagspause. Wenn die vorbei ist, freust du dich auf den Feierabend. Am Feierabend freust du dich auf den Jahresurlaub. Und im Jahresurlaub freust du dich auf die Rente. Und wenn du in Rente bist, weißt du, es hat sich alles nicht gelohnt. Aber du hast dich oft gefreut.

Matthias Beltz, Der arbeitende Mensch

Gegenwartsgenuß

*Y*ang Dschu sprach: „Die höchste Grenze menschlichen Lebens sind hundert Jahre. Hundert Jahre erreicht unter Tausenden nicht einer. Doch nehmen wir an, es gebe so einen: die Zeit seiner Kindheit und Unreife und die des gebrechlichen Alters nimmt etwa die Hälfte davon ein; davon nimmt die Zeit, die man nachts im Schlafe verbringt und die tags im Wachen unbenützt verstreicht, wieder etwa die Hälfte weg; Schmerzen und Krankheit, Trauer und Verdruß, Verlust und Mißerfolg, Kummer und Sorgen nehmen von dem Rest wieder etwa die Hälfte weg. Innerhalb der übrigbleibenden Zahl von etwa zehn Jahren kommt auf die Zeit, in der man vollkommen frei sich selbst genießt, ungetrübt von jeglicher Spur sorgender Gedanken, kaum einer Stunde Spanne.

In eines Menschen Leben, was bleibt da also noch an Freuden übrig? Es bleibt Genuß, es bleibt die Schönheit der Töne und Farben; doch des Genusses kann man sich auch nicht dauernd ungetrübt erfreuen, an Tönen und Farben kann man sich auch nicht dauernd ungetrübt ergötzen; dazu kommen noch die Überredungen und Einschränkungen von Lohn und Strafe, die hemmenden und treibenden Einflüsse von Namen und Vorbildern. In rastloser Hast streitet man um eitles Lob während der Spanne Zeit, um nach dem Tode überflüssige Verherrlichung zu erreichen. Nutzlos zügelt man

Ohren und Augen und achtet auf Recht und Unrecht der Triebe des Leibes. So bringt man sich umsonst um den höchsten Genuß der Gegenwart und ist auch nicht der einen Stunde freier Herr. Wodurch unterscheidet sich ein solches Leben noch von den Ketten und Fesseln eines schweren Verbrechers?

Die Menschen der grauen Vorzeit hatten erkannt, daß des Lebens Dauer flüchtig ist, hatten erkannt, daß es flüchtig dem Tode zueilt; darum ließen sie in ihren Handlungen ihrem Herzen freien Lauf und widerstrebten nicht den natürlichen Neigungen, und was augenblicklich dem Leibe schmeichelte, das taten sie nicht ab. So ließen sie sich nicht um des Ruhmes willen überreden; sie folgten ihrer Natur und ließen sich treiben, und aller Wesen Neigungen ließen sie gewähren. Sie waren nicht auf Ruhm nach dem Tode aus, so wurden sie auch von der Strafe nicht erreicht. Und Ruhm und Lob der früheren oder späteren Zeit und ihrer Lebensjahre zugemessene Zahl beachteten sie nicht."

Liä Dse

Stelzvogel

*W*ir Nordländer sind hier, und nicht nur an unseren plumperen Schuhen, unter den Einheimischen auf den ersten Blick zu erkennen. Wir gehen anders, zielstrebig, gerichtet, angezogen und aus dem Gleichgewicht gebracht von dem, was wir erreichen wollen, ein Museum, die Arbeit zu Hause, einen Menschen, den es uns wiederzusehen begehrt. Wir scheinen nicht im Augenblick, sondern in der Zukunft zu leben, nicht innerhalb, sondern außerhalb unseres Selbst heimisch zu sein. Wir gehen mit vorgebeugtem Oberkörper, weggestrecktem Kopf und geschlenkerten Armen, wie Kinder, die auf dem Eise vorwärts zu kommen versuchen. Auf der glatten Fläche des Augenblicks nun weiß der Südländer sich vortrefflich zu halten, ja, diese scheint sein eigentliches Element zu sein. Die Weiterbewegung ist bei ihm nur eine Kette von Stillstand, unmerklich und anmutig aneinandergereiht. Nichts erscheint so wichtig, daß es eilends erreicht werden müßte, nichts verpflichtender als das Dasein in diesem gegebenen Moment. Das Zeitliche mit der ganzen menschlichen Würde, das heißt der eines aufrecht stehenden, von natürlichem Selbstbewußtsein getragenen Wesens auszufüllen, ist die Aufgabe, die geleistet wird, mit derselben ruhigen Anmut, mit der eine Frau auf dem Lande den Wasserkrug auf dem Kopfe trägt. Auch mit dem Wasserkrug strebt man irgendwohin, aber es würde bei schnellerem, unbeherrschterem Lauf das Gleichgewicht und damit einiges von dem kostbaren Inhalt verlorengehen. Der Verlust des inneren Gleichgewichts und die damit verbundene Einbuße an Persönlichkeit wird hier gewiß als ähnliche Gefahr empfunden, jedes Sichfortwerfen an andere Dinge, jeder übertriebene Eifer mutet barbarisch an. Una bestialità – eine Bestialität – hörte ich einmal ein leidenschaftliches, von keinerlei Rhetorik geadeltes Streitgespräch nennen, als tierisch gilt jede Bemühung, die die Einheit der Person verletzt. Den Frauen zumal wird Hast und Dringlichkeit nicht zugebilligt – ihre Bewegungen dürfen nicht stürmischer sein, als es der Umriß ihrer Lockenfrisur zuläßt, ihre Schritte nicht eiliger, als es die anmutige Linie ihres Körpers erlaubt. Daß auch ein von seinen Gedanken besessener oder durch innere Disharmonien im ruhigen Da-Sein gestörter Mann absonderlich und komisch wirkt, erfuhren wir vor kurzem bei einem Ausflug, den wir mit einem deutschen Freunde machten. Während wir nämlich vor einem Caféhaus an der Piazza eines umbrischen Städtchens saßen, verließ uns dieser Freund für ein paar Minuten, um in einem nahen Geschäft Einkäufe zu machen. Er ging über den Platz, und wie wir ihm nachsahen, bemerkte ich einige halbwüchsige Buben, die sich auf die sonderbarste Weise wie stelzende und mit den Flügeln schlagende Vögel bewegten. Erst nach einer Weile kam ich darauf, daß sie den Gang unseres Freundes nachahmten und daß dieser ihnen grotesk und überwältigend komisch erschien.

Der Freund tauchte wieder auf, sie unterbrachen ihre Vorstellung nicht, und es wurde mir bange bei dem Gedanken, wie der Betroffene ihre Verhöhnung auffassen mochte. Er hatte aber, wie wir alle, so wenig Gefühl für seine eigene Erscheinung, daß er das wunderliche Gehaben der Kinder mit sich selbst überhaupt nicht in Zusammenhang brachte. Steifbeinig, krumm und die Arme schlenkernd ging er mitten zwischen den stelzenden, flügelschlagenden und sich vor Lachen ausschüttenden Knaben hindurch und sah sie fröhlich verwundert mit einem schönen, unschuldigen Lächeln an.

Marie Luise Kaschnitz, Engelsbrücke

Nur einmal

Wir sollten stets eingedenk sein,
daß der heutige Tag nur einmal kommt
und nimmer wieder.
Aber wir wähnen, er komme wieder;
morgen ist jedoch ein anderer Tag,
der auch nur einmal kommt.

Arthur Schopenhauer

Morgen und heute

Ein japanischer Krieger wurde von seinen Feinden gefangengenommen und in eine Gefängniszelle geworfen. Er konnte nachts nicht schlafen. Er war überzeugt, am nächsten Tag würde er grausam gefoltert werden.
Dann fielen ihm die Worte seines Zen-Meisters ein: „Morgen ist nicht wirklich. Die einzige Wirklichkeit ist die Gegenwart."
Da besann er sich auf die Gegenwart und fiel in tiefen Schlaf.

Zen-Geschichte

Pflöcke des Augenblicks

*B*etrachte die Herde, die an dir vorüberweidet: sie weiß nicht, was Gestern, was Heute ist, springt umher, frißt, ruht, verdaut, springt wieder, und so vom Morgen bis zur Nacht und von Tage zu Tage, kurz angebunden mit ihrer Lust und Unlust, nämlich an den Pflock des Augenblicks, und deshalb weder schwermütig noch überdrüssig. Dies zu sehen geht dem Menschen hart ein, weil er seines Menschentums sich vor dem Tiere brüstet und doch nach seinem Glücke eifersüchtig hinblickt – denn das will er allein, gleich dem Tiere weder überdrüssig noch unter Schmerzen leben, und will es doch vergebens, weil er es nicht will wie das Tier. Der Mensch fragt wohl einmal das Tier: warum redest du mir nicht von deinem Glücke und siehst mich nur an? Das Tier will auch antworten und sagen: das kommt daher, daß ich immer gleich vergesse, was ich sagen wollte – da vergaß es aber auch schon diese Antwort und schwieg: so daß der Mensch sich darob verwunderte.

Er wunderte sich aber auch über sich selbst, das Vergessen nicht lernen zu können und immerfort am Vergangenen zu hängen: mag er noch so weit, noch so schnell laufen, die Kette läuft mit. Es ist ein Wunder: der Augenblick, im Husch da, im Husch vorüber, vorher ein Nichts, nachher ein Nichts, kommt doch noch als Gespenst wieder und stört die Ruhe eines späteren Augenblicks. Fortwährend löst sich ein Blatt aus der Rolle der Zeit, fällt heraus, flattert fort – und flattert plötzlich wieder zurück, dem Menschen in den Schoß. Dann sagt der Mensch „ich erinnere mich" und beneidet das Tier, welches sofort vergißt und jeden Augenblick wirklich sterben, in Nebel und Nacht zurücksinken und auf immer verlöschen sieht. So lebt das Tier *unhistorisch:* denn es geht auf in der Gegenwart, wie eine Zahl, ohne daß ein wunderlicher Bruch übrigbleibt, es weiß sich nicht zu verstellen, verbirgt nichts und erscheint in jedem Momente ganz und gar als das, was es ist, kann also gar nicht anders sein als ehrlich. Der Mensch hingegen stemmt sich gegen die große und immer größere Last des Vergangenen: diese drückt ihn nieder oder beugt ihn seitwärts, diese beschwert seinen Gang als eine unsichtbare und dunkle Bürde, welche er zum Scheine einmal verleugnen kann, und welche er im Umgang mit seinesgleichen gar zu gern verleugnet: um ihren Neid zu wecken. Deshalb ergreift es ihn, als ob er eines verlorenen Paradieses gedächte, die weidende Herde oder, in vertrauterer Nähe, das Kind zu sehen, das noch nichts Vergangenes zu verleugnen hat und zwischen den Zäunen der Vergangenheit und der Zukunft in überseliger Blindheit spielt. Und doch muß ihm sein Spiel gestört werden: nur zu zeitig wird es aus der Vergessenheit heraufgerufen. Dann lernt es das Wort „es war" zu verstehen, jenes Losungswort, mit dem Kampf, Leiden und Überdruß an den Menschen heranzukommen, ihn zu erinnern, was sein Dasein im Grunde ist – ein nie zu vollendendes Imperfektum. Bringt endlich der Tod das ersehnte Vergessen, so unterschlägt er doch zugleich dabei die Gegenwart und das Dasein und drückt damit das Siegel auf jene Erkenntnis – daß Dasein nur ein ununterbrochenes Gewesensein ist, ein Ding, das davon lebt, sich selbst zu verneinen und zu verzehren, sich selbst zu widersprechen.

Wenn ein Glück, wenn ein Haschen nach neuem Glück in irgendeinem Sinne das ist, was den Lebenden im Leben festhält und zum Leben fortdrängt, so hat vielleicht kein Philosoph mehr Recht als der Zyniker: denn das Glück des Tieres, als des vollendeten Zynikers, ist der lebendige Beweis für das Recht des Zynismus. Das kleinste Glück, wenn es nur ununterbrochen da ist und glücklich macht, ist ohne Vergleich mehr Glück als das größte, das nur als Episode, gleichsam als Laune, als toller Einfall, zwischen lauter Unlust, Begierde und Entbehrung kommt. Bei dem kleinsten aber und bei dem größten Glücke ist es immer eins, wodurch Glück zum Glücke wird: das Vergessenkönnen oder, gelehrter ausgedrückt, das Vermögen, während seiner Dauer *unhistorisch* zu empfinden. Wer sich nicht auf der Schwelle des Augenblicks, alle Vergangenheiten vergessend, niederlassen kann, wer nicht auf einem Punkte wie eine Siegesgöttin ohne Schwindel und Furcht zu stehen vermag, der wird nie wissen, was Glück ist, und noch schlimmer: er wird nie etwas tun, was andre glücklich macht. Denkt euch das äußerste Beispiel, einen Menschen, der die Kraft zu vergessen gar nicht besäße, der verurteilt wäre, überall ein Werden zu sehen: ein solcher glaubt nicht mehr an sein eigenes Sein, glaubt nicht mehr an sich, sieht alles in bewegte Punkte auseinanderfließen und verliert sich in diesem Strome des Werdens: er wird wie der rechte Schüler Heraklits zuletzt kaum mehr wagen, den Finger zu heben. Zu allem Handeln gehört Vergessen: wie zum Leben alles Organischen nicht nur Licht, sondern auch Dunkel gehört. Ein Mensch, der durch und durch nur historisch empfinden wollte, wäre dem ähnlich, der sich des Schlafens zu enthalten gezwungen würde, oder dem Tiere, das nur vom Wiederkäuen und immer wiederholtem Wiederkäuen leben sollte. Also: es ist möglich, fast ohne Erinnerung zu leben, ja glücklich zu leben, wie das Tier zeigt; es ist aber ganz und gar unmöglich, ohne Vergessen überhaupt zu *leben*.

Friedrich Nietzsche, Unzeitgemäße Betrachtungen

Eine alte Kuh

*F*olge dem Beispiel einer alten Kuh:
Sie ist es zufrieden, in der Scheune zu schlafen.
Du mußt essen, schlafen und scheißen –
Das ist unvermeidlich –,
Darüber hinaus brauchst dich nichts zu kümmern.
Tu, was du zu tun hast,
Und bleibe für dich.

Patrul Rinpoche

Unser Hund

Unser Hund Brownie saß in perfekter Habachtstellung mit gespitzten Ohren, nervös mit dem Schwanz wedelnd, und blickte aufmerksam hinauf in einen Baum. Er hatte es auf einen Affen abgesehen. Nur eine Sache beschäftigte ihn: der Affe. Und da er nicht denken kann, störte kein einziger Gedanke seine völlige Versenkung: kein Gedanke daran etwa, was er abends fressen würde, ob es überhaupt etwas zum Fressen geben oder wo er schlafen würde. Ich habe noch kein Wesen gesehen, das dem Inbegriff von Kontemplation so nahe kam wie Brownie.

Vielleicht hast du selbst schon einmal Ähnliches erfahren, zum Beispiel bei der Beobachtung eines spielenden Kätzchens, das dich völlig in Anspruch nahm. Das ist ein Weg, um einen Zustand der Versenkung zu erreichen, der auch nicht schlechter ist als andere, die ich kenne: sich völlig der Gegenwart hingeben.

Ein bißchen viel verlangt, in der Tat: jeden Gedanken an die Zukunft fallenlassen, desgleichen jeden Gedanken an die Vergangenheit – im Grunde jeden Gedanken überhaupt –, auch jede Zeitrechnung und völlig in der Gegenwart leben. Dann wird man Versenkung erleben!

Nach Jahren der Schulung bat der Schüler seinen Lehrer, ihm Erleuchtung zu geben. Der Meister führte ihn zu einem Bambushain und sagte:

„Betrachte diesen Bambus hier,
wie hoch er ist,
und sieh den anderen dort,
wie niedrig er ist."

Und in diesem Augenblick wurde der Schüler erleuchtet.

Anthony de Mello, Warum der Vogel singt

Gegenwartswohnung

*L*eb in der Gegenwart! Zu leer ist und zu weit
Der Zukunft Haus, zu groß das der Vergangenheit.
In beiden weißt du nicht den Hausrat einzurichten
Der ungeschehnen und geschehenen Geschichten.
Doch daß die Gegenwart nicht eng dir sei und klein,
Zieh die Vergangenheit und Zukunft mit herein.
Die beiden mögen dir erfüllen und erweitern
Die Wohnung und mit Glanz die dunkle schön erheitern.

Friedrich Rückert, Die Weisheit des Brahmanen

Nur für heute

*N*ur für heute werde ich mich bemühen,
den Tag zu erleben,
ohne das Problem meines Lebens
auf einmal lösen zu wollen.
Nur für heute werde ich etwas tun,
wozu ich eigentlich keine Lust habe.
Nur für heute werde ich mich vor zwei Übeln hüten:
vor der Hetze und der Unentschlossenheit.
Nur für heute werde ich glauben –
selbst, wenn die Umstände das Gegenteil zeigen sollten –,
daß Gott für mich da ist.
Ich will mich nicht entmutigen lassen
durch den Gedanken, ich müßte dies alles
mein ganzes Leben lang durchhalten.

Johannes XXIII., Geistliches Tagebuch

Mein sind die Jahre nicht

*M*ein sind die Jahre nicht, die mir die Zeit genommen;
Mein sind die Tage nicht, die etwa möchten kommen;
Der Augenblick ist mein, und nehm ich den in acht,
So ist der mein, der Jahr und Ewigkeit gemacht.

Andreas Gryphius, Betrachtung der Zeit

Jetzt ist der Tag

*Z*uweilen tritt im Laufe des Gewöhnlichen das Ungewöhnliche auf. Zum Beispiel in der Gestalt des lange erwarteten großen Glückes oder des lange gefürchteten großen Schreckens, oder als die große Chance, oder als der Schlag des Schicksals, der Tod des Freundes, der Freundin oder gar der eigene Tod.

Und dann, wenn es sich gerade ankündigt, dann mögen wir wohl sagen: Jetzt ist der Tag. Jetzt kommt, was kommen muß. Jetzt bin ich dran ...

Was dieses Wort nun nennt, das reine Jetzt, ist mit solcher Stärke spürbar, daß es uns bisweilen den Atem verschlägt. Wir leben und erleben das Jetzt selbst.

Und als was? Als ganz erfüllt mit Ankunft und also Zukunft. Jetzt ist der Tag: Dies ist reine Ankunft und Zukunft. Da das Jetzt selbst sich enthüllt, enthüllt es sich also als reine Ankunft und Zukunft. Diese aber zeigt sich als der Aufgang und die Herausforderung des eintreffenden Unerhörten im Glück oder Schicksal. Darum ist es das Atem-Verschlagende.

Es gibt aber auch andere Gestalten des Augenblicks, in denen sich nicht weniger die Zeit selber zu spüren gibt, so, daß wir sie leben und erleben. Denken wir als Modell an den Augenblick, an dem das große musikalische Werk zu Ende ist, der Dirigent winkt dem letzten Klange ab, er schöpft Atem nach der ungeheuren Anstrengung, es ist eine Sekunde lang stille im Saal, ehe der Beifall sich erhebt.

Was ist dies für ein Augenblick? Alles ist vorüber, die unendliche Verschlingung der Töne, das Sich-Auftürmen der Gestalten, ihr Verebben in der Klage, alles ist vorüber, auch jene gefährlichen Stellen, an denen alle zitterten, ob sie gelängen. Das ist der Augenblick des vollständigen Vorüberseins.

Aber was ist in diesem vollständigen Vorübersein? Alles ist da. Gerade jetzt, niemals vorher, jetzt ist alles da: das Ganze als das Vollendete. Es ist da insbesondere als das Geschenkte und Gelungene. Es strahlt in diesem lange vorbereiteten und dann mit höchster Spannung und Konzentration durchgeführten Werke, dieses: Es ist gelungen.

Dies ist der Augenblick in der anderen Gestalt. Auch er ist gegenüber dem gewöhnlichen Gange der Zeit völlig verwandelt. Welch ein Augenblick: reines strahlendes, sich frei gewährendes Da, strahlende Präsenz. In allen Nerven des Daseins lebt dies, Präsenz, Gegenwart, unvergleichliches Da.

Es ist Präsenz, aber deren bewegendes Gegenwärtigen ist ganz Gegenwärtigen des ganz Gewesenen. Die reine Gewesenheit gerade und erst ist in einem solchen Augenblick die reine und vollendete Gegenwart.

Das Gewesene als das Vollendete, das Vollendete als das Gegenwärtige ist darin zugleich frei geworden von der lastenden Mühe des Wirkens, von der Arbeit und Sorge und von allem, was dazu gehört. Dessen wird nicht mehr gedacht, dieses ist ganz vergangen. Und das, was eigentlich war, nämlich die Musik selber, ist so ganz frei, sie selbst als bewegende Gegenwart, als das freie und vollendete Geschenk.

Solche Gegenwart hat durchaus auch ihre eigene, ihr zugehörige Zukunft. Denn alle, die solches erfahren und erleben, blicken in ihrem Lichte *voraus,* voraus in die Zukunft. Aber diese vorausliegende Zukunft ist nur wieder sie selbst, die Gegenwart des unvergleichlich Gelungenen. Alle stimmen zu, das heißt, sie treten lebhaft bewegt ein in das, was als das Gegenwärtige ständig neu auf sie zukommt und sie immer neu bewegt.

Freilich wird solch ein Augenblick als das Jetzt der vollendeten Vergangenheit und der beständigen Zukunft desselben früher oder später wieder eingeebnet. Das alltäglich zu Besorgende meldet sich wieder und mit ihm die gewöhnliche Zeit. Sie ist aber nicht einfach die Fortsetzung des Augenblicks und der diesem von seiner inneren Lebensgestalt her zugehörigen Zukunft und Vergangenheit. Die gewöhnliche Zeit ist eine andere Zeit, sie liegt in einer anderen Dimension, diese legt sich wiederum über den außergewöhnlichen Augenblick und verdeckt ihn und seine zeitliche Gestalt allmählich wieder.

Ähnliches gibt es auch sonst. Die lange Mühe der Arbeit vielleicht an einem bedeutenden Werk entläßt den Augenblick, an dem der Wirkende sagt: „Nun ist es geschafft. Alles ist da, alles ist verwandelt." Dann spürt er die Präsenz des Gewesenen, Vollbrachten und so erst vollendet Geschenkten als die verwandelte Stunde, als Erleichterung und Befreiung, als neue Offenheit für einen neuen und veränderten Tag.

Und von ähnlichem Charakter ist der Morgen, an dem ein Mensch nach langen Wochen des Krankenhauses dieses wieder verläßt. Er spürt: Dies ist der neue Morgen. Oder wo wir von einer langen Freundschaft Abschied nehmen müssen: Wir spüren, welch eine Stunde! Wir spüren die Stunde selbst und damit die Zeit selbst im Augenblick als der vollendeten und bewegenden, weil sich verabschiedenden Gegenwart des Ganzen. Nie ist im durchschnittlichen Gange der Dinge Freundschaft so gegenwärtig wie im Abschied. Und nie die Offenheit für neue Zukunft so erregend, so verwirrend, so fühlbar. In solchen Augenblicken entschleiert sich Zeit neu und mit kaum erwarteten Zügen.

Was wir hier bedenken, hat sein größtes Beispiel am Tod. Er ist mehr als nur ein Beispiel. Er ist der Fall schlechthin, der entscheidende, auf den alles hinausläuft, für den alles andere nur Vorspiel und Vorübung ist. Darum kann man nicht ernstlich von Zeit sprechen und schon gar nicht von der Zeit als Augenblick, ohne vom Tod zu sprechen.

Trifft uns Lebende der Tod eines Freundes, der lange mit uns die Zeit teilte, erleben wir ihn gar mit: Welch eine Stunde! Welch eine ungeheure Macht der Präsenz des Vergangenen! War je, was der sich Verabschiedende uns war, so dicht und so vollständig präsent wie in diesem vollständigen Abschied ins vollständige Gewesensein? Und ist nicht im Schrecken dieses Abschiedes auch die Erfahrung von Befreiung? Die Arbeit der Arbeit und die Arbeit des Leidens, alles ist durchgestanden im zugleich befreienden und erschreckenden Wesen dieser Gegenwart als des tödlichen Abschieds. Und öffnet irgend die Zukunft, das, was jetzt kommen soll, so fragend das Auge, uns anblickend, und finden nicht wir selber unser Auge offen und vielleicht ratlos dareinblickend? Der Augenblick, die Zeit ist dann das, was wir in ausgezeichneter Weise als unser Leben erfahren: Das vollständige Gewesensein, als die freie Gegenwart einer neuen Zukunft.

Bernhard Welte, Meditation über Zeit

Gegenwärtig, augenblicklich

„*E*ines Tages machten der alte Meister und sein Novize einen Spaziergang und sahen ein paar Wildgänse vorbeifliegen.
„Was ist das?" fragte der alte Mönch.
„Es sind Wildgänse", sagte sein Schüler.
„Wohin fliegen sie?" fragte der Meister.
Der Novize erwiderte: „Sie sind bereits weggeflogen."
Unvermittelt packte der Meister den Schüler an der Nase und drehte sie ihm herum, so daß dieser vor Schmerz aufschrie.
„Wie", rief der Alte, „können sie jemals weggeflogen sein?"
Dieses war für den Jungen der Augenblick der Erleuchtung.

Zen-Geschichte

Verzweiflung

*W*enn uns Verzweiflung überkommt, liegt das gewöhnlich daran, daß wir zuviel an die Vergangenheit und die Zukunft denken.

Therese von Lisieux

Ewigkeit jetzt

*W*issen Sie, was ewiges Leben ist? Sie meinen, es sei Leben ohne Ende. Doch die Theologen werden Ihnen sagen, daß das eine verrückte Vorstellung ist, denn „ohne Ende" ist immer noch ein Zeitbegriff – Zeit, die für immer fortdauert. Ewig heißt zeitlos – ohne Zeit. Für den menschlichen Verstand ist das etwas Unfaßbares. Der menschliche Verstand kann Zeit verstehen und sie leugnen. Was zeitlos ist, übersteigt unsere Vorstellungskraft. Die Mystiker jedoch lehren uns, daß die Ewigkeit jetzt geschieht. Ist das keine gute Botschaft?

Ewigkeit geschieht jetzt. Die meisten Menschen sind sehr beunruhigt, wenn ich ihnen sage, sie sollten ihre Vergangenheit vergessen. Sie sind doch so stolz auf ihre Vergangenheit – oder sie schämen sich dafür. Vergessen Sie das alles! Wenn man Ihnen sagt: „Bereuen Sie Ihre Vergangenheit", so bedeutet das, wach zu werden, und nicht: „wegen seiner Sünden zu weinen". Werden Sie wach und hören Sie mit dem Weinen auf.

„Wie lange dauert die Gegenwart, eine Minute oder eine Sekunde?"
„Viel kürzer und viel länger", sagte der Meister. „Kürzer, weil der Augenblick, den du angezielt hast, vorbei ist.
Länger, weil, wenn du je in sie eingedrungen bist, du auf die Zeitigkeit stoßen und erfahren wirst, was Ewigkeit ist."

„Wie soll ich Ewiges Leben erlangen?"

„Ewiges Leben ist heute und jetzt. Lebe in der Gegenwart."

„Aber ich *bin* in der Gegenwart oder nicht?"

„Nein."

„Warum nicht?"

„Weil du deine Vergangenheit nicht abgeworfen hast."

„Warum sollte ich meine Vergangenheit abwerfen? Nicht alles an ihr ist schlecht."

„Die Vergangenheit muß abgeworfen werden, nicht weil sie schlecht ist, sondern weil sie tot ist."

„Ich habe keine Ahnung, was der morgige Tag bringen wird, also möchte ich mich darauf vorbereiten."

„Du fürchtest den morgigen Tag und erkennst nicht, daß der gestrige genauso gefährlich ist."

Anthony de Mello, Der springende Punkt

Gegenwartsmusik

*M*usik ist ziellose Phantasie. Tanzen ist das gleiche, nur in der Form der Bewegung. Wenn man tanzt, geht man nirgendwohin, sondern immer bloß im Kreis herum, und so sind Musik und Tanz Abbilder des Universums... Das Leben hat wie die Musik seinen Zweck in sich selbst. Wir leben in einem ewigen Jetzt, und wenn wir uns Musik anhören, dann hören wir nicht auf Vergangenes, wir hören nicht auf Zukünftiges, sondern wir hören auf Gegenwärtiges, das sich vor uns entfaltet. Genau wie wir ein Gesichtsfeld haben, das sich in die Weite und die Ferne erstreckt, so ist auch der gegenwärtige Augenblick nicht bloß ein Haarstrich auf der Zeitlinie, die die Uhr mißt. Der gegenwärtige Augenblick ist ein Erfahrungsfeld, das sehr viel mehr als ein bloßer Augenblick ist. Eine Melodie hören, heißt auch die Intervalle zwischen den Tönen hören. Innerhalb des gegenwärtigen Augenblicks können wir Intervalle hören und Rhythmen sehen. So können wir innerhalb jedes Augenblicks spüren, daß sich etwas Kontinuierliches abspielt. ... Wenn ich vom ewigen Jetzt spreche, dann ist das etwas ganz anderes als etwa der Bruchteil einer Sekunde; das ist nicht das gleiche. Das ewige Jetzt ist geräumig, leicht und reich, aber auch leichtsinnig! Jesus sprach tatsächlich vom Leichtsinn: „Seht die Lilien des Feldes, wie sie wachsen. Sie graben nicht, sie spinnen nicht, und doch war Salomo in all seiner Pracht nicht gekleidet wie eine von ihnen." Damit soll gesagt werden: Sorgt nicht ängstlich für das Morgen, sondern gönnt euch ein wenig Leichtsinn.

Es gibt einen göttlichen Leichtsinn. Die Liebe, die die Sonne und die anderen Sterne bewegt, ist Leichtsinn. Daher könnte man von Gott sagen, er sei ernsthaft, aber nicht ernst. ... Das Spielerische macht geradezu das Wesen der Energie des Universums aus. Es ist Musik. Und Musik, sei es im Abendland, bei den Hindus oder den Chinesen, hat keinen anderen Sinn als ihren eigenen Klang. Und auch Worte an sich haben keinen Sinn, genau wie die Musik. ... Und doch sagen wir von Worten, daß sie einen Sinn hätten. Und die Menschen werden ganz unzufrieden, weil sie wollen, daß das Leben einen Sinn habe, als bestehe es aus Worten. ... Was ist *Ihr* Sinn? Als ob Sie einen Sinn haben sollten, als ob Sie ein bloßes Wort wären, als ob Sie etwas wären, das man in einem Wörterbuch nach-schlagen kann! Sie *sind* sinnvoll. Das ist der springende Punkt: Der Sinn, das Gute am Leben liegt im Hier und Jetzt. Wir gehen nicht anderswohin. Schauen Sie auf die Straße hinaus, und Sie sehen lau-ter Leute, die verbissen meinen, sie gingen irgendwohin und sie hätten etwas ganz Wichtiges zu tun. Ihr Blick schweift in die Ferne und ihre Nasen sind hoch erhoben. *Sie gehen irgendwohin, sie ver-folgen einen Zweck, sie müssen unbedingt etwas erreichen.* Wenn Sie hier und jetzt hier sitzen, da, wo Sie zufällig gerade sind, geht Ihnen da auf, daß Sie nirgendwo hingehen müssen? Genau dort, wo Sie sind, ist der entscheidende Punkt. ... Genau darauf kommt es mir an: Das Leben ist nicht lebenswert, wenn es zwanghaft ist.

... Selbst wenn Sie nicht besonders reich sind und ziemlich einfach leben, schenken die Gemeinschaft mit anderen Menschen, der Anblick der Sonne und der Sterne, das Rascheln des Grases und das Rauschen des Wassers Ihrem Leben seine eigene Rechtfertigung. In einem Haiku-Gedicht heißt es: „Die lange Nacht, das Rauschen des Wassers, sie sagen, was ich denke."

Sie können dem gegenwärtigen Augenblick nicht entkommen. Sie können an die Vergangenheit denken, Sie können an die Zukunft denken, aber da Sie dieses Denken in der Gegenwart unternehmen, sind Sie trotzdem unentrinnbar in der Gegenwart. Der gegenwärtige Augenblick hat also etwas Fließendes an sich. Die Zeit verstreicht; das Leben geht dahin. Die Uhrzeit ist lediglich ein Maß des Fließens, sie verleiht jedem Augenblick ein tick, tick, tick, tick und zählt diese Ticks. Wir haben schon so viele Ticks durchlebt, aber dennoch ist die reale Zeit kein Ticken, sondern ein Fließen, und sie fließt immer weiter. Es ist faszinierend, wie sie sich bewegt, während ich immer da bin. Gleichzeitig ist sie immer da als ein Jetzt. Aus diesem Jetzt kommt man nie heraus. Das Prinzip des Fließens ist herrlich einfach. Allerdings kann man sich alle möglichen schlauen Möglichkeiten ausdenken, diese Einsicht vor sich herzuschieben. Man kann sagen: „Ach, das ist etwas sehr Spirituelles, und ich bin auf diesem Gebiet ein unbedarfter Mensch. So werde ich wahrscheinlich noch lange brauchen, bis mir aufgeht, daß das mehr als eine Gedankenspielerei ist." In Wirklichkeit ist das bloß eine Entschuldigung dafür, daß man seine eigenen Kreise zieht und sich nicht auf dieses wunderbare Spiel einläßt. Es gibt alle möglichen raffinierten Wege, davor zu kneifen, und man kann sich dazu auch in recht komplizierte spirituelle Techniken flüchten, oder ins Yoga oder zahlreiche andere Unternehmen. Sie können das natürlich auf später vertagen, sofern Sie das wirklich so haben wollen. Aber in Wirklichkeit ist es natürlich trotzdem immer im Hier und Heute da ... Tschuang-tse hat diese herrliche Leichtigkeit. Er sagt:

„Der Reiher ist weiß,
auch wenn er nicht täglich badet.
Die Krähe ist schwarz,
auch wenn sie sich nicht mit Tinte anstreicht." …

Das Einssein ist Wirklichkeit; es ist schon immer da. Man kann es deutlich sehen, ja kann *fast* den Finger darauf legen und es spüren. Aber wenn man natürlich versucht, nach dem gegenwärtigen Augenblick zu greifen und zu ihm sagt: „Komm, komm, *jetzt!*", ist er entflohen. Je dünner und immer dünner wir den Haarstrich auf der Zeitlinie ziehen, um ganz genau das *Jetzt* auszumachen, desto näher geraten wir schließlich an den Punkt, wo wir es überhaupt nicht mehr sehen können. Aber wenn man den Augenblick sich selbst überläßt und nicht versucht, ihn im Vorbeifliegen zu erhaschen, dann ist er immer da. Man muß ihn nicht kennzeichnen, man muß nicht den Finger auf ihn legen, denn er ist in allem, was ist. Und so dehnt sich der gegenwärtige Augenblick plötzlich aus. Er enthält die gesamte Zeit, die ganze Vergangenheit, die ganze Zukunft, alles.

Alan Watts, Leben ist jetzt

In die Felsen

Stille –
der Zikadenlärm
dringt
ein in die Felsen.

Basho

187

10
MEDITATION KENNT KEINE ZEIT
EINFACH NUR SEIN

Die mißhandelte Zeit äußert sich
zunächst im Entzug der Fähigkeit,
gegenwärtig zu sein.

Eugen Rosenstock-Hussey

Zeit ist dein Freund.
Meditiere so, daß du dir selber Freund wirst.

Henryk Skolimowski

Meditation ist kein Mittel zum Zweck,
sie ist sowohl Mittel als auch Zweck.
Meditieren bedeutet, zeitlos zu sein.

Krishnamurthi

Verbinde deine Meditation mit dem Alltag.
Sei wie ein Mensch mit einem Schädelbruch –
immer achtsam, nirgends anzustoßen.

Dudjom Rinpoche

Schädliches Streben

*D*er Himmel steht fest und ist dem Gezeugtwerden nicht unterworfen, und die Menschen, die von himmlischer Natur sind, stehen fest und sind nicht dem Zwang unterworfen, Bestrebungen oder sonst etwas zu erzeugen; denn in ihrer Art gleichen sie Gott, der sich auf ewig nicht bewegt.

Die Weisheit kommt durch Liebe, Schweigen und Sterbenlassen herein. Große Weisheit ist es, zu schweigen, zu verstehen und weder auf Reden noch auf Tun, noch auf fremde Lebensweisen zu achten.

Alles für mich und nichts für dich.

Alles für dich und nichts für mich.

Fünffachen Schaden richtet jegliche Art von Streben im Menschen an: Erstens beunruhigt sie ihn, zweitens verwirrt sie ihn, drittens beschmutzt sie ihn, viertens schwächt sie ihn, und fünftens verdunkelt sie ihn.

Johannes vom Kreuz, Worte von Licht und Liebe

Die Zeit essen

*W*as ist das Leben? Zu leben bedeutet, mit allen Sinnen zu essen und zu trinken. Und das Leben bewahrt uns davor, gegessen zu werden. Was ist es, das uns aufißt? Die Zeit! Was ist die Zeit? Die Zeit ist das In-der-Vergangenheit- oder In-der-Zukunft-Leben, bei dem man seine Gefühle immer von neuem nährt. Es gibt nur ganz wenige Menschen auf der Welt, die von sich sagen können, daß sie auch nur für eine einzige Minute geistig gesund waren. Die meisten von uns leiden daran, daß sie sich an angenehme, unangenehme und neutrale Gefühle klammern, oder sie leiden an Hunger und Durst. Die meisten Menschen müssen in jeder Sekunde etwas durch ihre Augen, ihre Ohren, ihre Nase, ihre Zunge, ihre Haut und ihre Nerven in sich aufnehmen. Wir essen vierundzwanzig Stunden am Tag, ohne jemals eine Pause zu machen! Wir sehnen uns nach Nahrung für unseren Körper, für unsere Gefühle, für unser willentliches Handeln und für unsere Wiedergeburt. Wir sind, was wir essen. Wir sind die Welt, und wir essen die Welt auf.

Der Buddha weinte, als er diesen endlosen Kreislauf des Leidens sah: Die Fliege frißt die Blume, der Frosch frißt die Fliege, die Schlange frißt den Frosch, der Vogel frißt die Schlange, der Tiger frißt den Vogel, der Jäger tötet den Tiger, dessen Körper aufschwillt; Fliegen kommen und fressen den Kadaver des Tigers; sie legen Eier in den Kadaver, aus denen noch mehr Fliegen werden, die dann die Blumen fressen und wiederum von Fröschen gefressen werden ...

Und so sagte der Buddha: „Ich lehre nur zwei Dinge – das Leiden und das Ende des Leidens." Leiden, essen und empfinden sind haargenau das gleiche.

Die Empfindungen verzehren alles andere. Sie haben sechs Mäuler – die Augen, die Ohren, die Nase, die Zunge, den Körper und den Geist. Das erste Maul, die Augen, ißt Formen. Das zweite Maul ißt Klänge. Das dritte ißt Gerüche. Das vierte Maul ißt Geschmäkker. Das fünfte Maul ißt körperlichen Kontakt. Und das letzte Maul ißt Ideen. Das heißt empfinden.

Die Zeit selbst ißt auch. In den traditionellen kambodschanischen Geschichten gibt es oft einen Riesen, der viele Münder hat und alles aufißt. Dieser Riese ist die Zeit. Wenn du die Zeit ißt, erlangst du das Nirvana. Du kannst die Zeit essen, indem du im Augenblick lebst. Wenn du einfach nur in diesem Augenblick lebst, kann die Zeit dich nicht essen.

Alles gehorcht dem Gesetz vom Grund. Es gibt dich gar nicht, nur Gründe und Bedingungen. Darum kannst *du* gar nicht hören oder sehen. Hören findet dann statt, wenn der Klang und das Ohr zusammenkommen. Treffen sich die Form und das Auge, dann findet Sehen statt.

Wenn das Auge, die Form und das Bewußtsein sich treffen, dann findet Augenkontakt statt. Augenkontakt bedingt Gefühle. Gefühle bedingen die Wahrnehmung. Die Wahrnehmung bedingt das Denken, und das Denken ist das Ich, das Mein, das Mich – das schmerzhafte Mißverständnis, daß ich sehe, höre, rieche, schmecke, berühre und denke.

Das Empfinden benutzt die Augen, um Formen zu essen. Ist eine Form schön, so geht ein angenehmes Gefühl ins Auge ein. Eine Form, die nicht schön ist, bringt ein unangenehmes Gefühl mit sich. Wenn wir nicht auf eine Form achten, ist unser Gefühl neutral. Mit dem Ohr ist es dasselbe: Ein süßer Klang bringt angenehme Gefühle mit sich, ein rauher Klang unangenehme Gefühle, Nichtbeachtung bringt neutrale Gefühle mit sich.

Wieder magst du vielleicht denken: „Ich sehe, ich höre, ich fühle." Aber es bist nicht du, es ist nur der Kontakt, das Zusammentreffen von Auge, Form und Augen-Bewußtsein…

Alle Arten von Gefühlen bedeuten Leiden, erfüllt mit Vergänglichkeit, erfüllt mit „Ich bin". Wenn wir die Natur der Empfindungen durchdringen können, gelangen wir zum reinen Glück des Nirvana.

Gefühle und Empfindungen bedingen unser Leiden, denn wir nehmen nicht wahr, daß sie nicht dauerhaft sind. Der Buddha fragte: „Wie kann ein Gefühl dauerhaft sein, wenn es doch auf dem Körper beruht, der nicht dauerhaft ist?" Wenn wir unsere Gefühle nicht beherrschen, werden wir von ihnen beherrscht. Wenn wir nur im Augenblick leben, können wir die Dinge einfach so sehen, wie sie sind. Indem wir dies tun, können wir allem Wünschen ein Ende machen, unsere Bindungen lösen und den Frieden wirklich werden lassen.

Damit wir die angenehmen, unangenehmen und neutralen Gefühle verstehen können, müssen wir die vier Grundlagen der Achtsamkeit praktizieren. Achtsamkeit kann angenehme, unangenehme und neutrale Gefühle zu Weisheit verwandeln.

Die Welt wird vom Geist geschaffen. Wenn wir die Gefühle beherrschen können, dann können wir auch den Geist beherrschen. Wenn wir den Geist beherrschen können, können wir die Welt regieren.

In der Meditation entspannen wir unseren Körper, aber wir sitzen dabei gerade aufgerichtet und halten die meisten unserer Gedanken an, indem wir unserem Atem folgen oder uns auf ein anderes Objekt konzentrieren. So hören wir damit auf, von unseren Gefühlen umhergetrieben zu werden. Das Denken erzeugt Gefühle, und Gefühle erzeugen das Denken. Frei vom Festhalten an Gedanken und Gefühlen zu sein ist Nirvana – die höchste, oberste Form von Glück.

Ohne Leiden zu leben heißt immer, im Augenblick zu leben. Die höchste Form von Glück ist hier und jetzt. Solange wir uns an ihr festklammern, gibt es überhaupt keine Zeit. Brüder und Schwestern, bitte eßt die Zeit!

Maha Ghosananda, Wenn der Buddha lächelt

Erleuchtung

*E*rleuchtung ist möglich. Doch suche ohne Hast und Übereifer. Wer beim Meditieren auch nur mit einem einzigen Gedanken daran denkt, eine Abkürzung zu suchen, steckt mit dem Kopf schon im Leimtopf.

Zen-Weisheit

Wie man meditieren soll

*E*in Schüler fragte seinen Meister, wie er meditieren solle. Schließlich antwortete der Meister: „Es ist so: Wenn ein vergangener Gedanke aufgehört hat und ein zukünftiger Gedanke noch nicht entstanden ist, gibt es da nicht eine Lücke?"
„Ja", sagte der Schüler.
„Nun gut, verlängere sie! Das ist Meditation."

Zen-Geschichte

Loslassen

*E*in berühmter tibetischer Meister hat den Zustand der Meditation einmal so erklärt: „Stell dir einen Bauern vor, der nach einem langen, harten Arbeitstag auf dem Feld endlich wieder nach Hause kommt und sich in seinen Sessel vor dem warmen Kamin fallen läßt. Dieser Mann hat den ganzen Tag geschuftet. Er weiß, daß alles getan ist. Jetzt braucht er sich um nichts mehr Gedanken zu machen. Nichts ist unerledigt geblieben. Er kann alle Sorgen und Gedanken lassen – zufrieden, einfach nur zu sein."

Tibetisch

Aufmerksamkeit

*E*in Mann kam zu dem Zen-Meister Ikkyo und bat ihn um ein paar weise Worte, die ihn im Leben geleiten könnten. Ikkyo nickte freundlich und schrieb auf ein Blatt Papier das Wort „Aufmerksamkeit". Der Mann sagte, er verstehe das nicht, und bat um mehr: Ikkyo schrieb „Aufmerksamkeit, Aufmerksamkeit". Nach der weiteren Bitte um eine Erklärung gab Ikkyo die endgültige schriftliche Erklärung: „Aufmerksamkeit, Aufmerksamkeit bedeutet Aufmerksamkeit."

Um ihre Schülerinnen in dieser Technik zu unterweisen, schrieb Theresia von Avila: „Ich verlange von euch nicht, daß ihr euch großen und wichtigen Betrachtungen hingebt – ich verlange nur, daß ihr schaut." Ein byzantinischer Mystiker formulierte es so: „Aufmerksamkeit ist der Anruf der Seele an sich selbst." Der Baal-Schem Tov schrieb: „Gottes Wunder geschehen denen, die es verstehen, sich auf ein Ding zu konzentrieren und sich selbst zu beschränken." Und eine Feststellung, die Buddha zugeschrieben wird, lautet: „In dem, was du erschaust, sollte nur das Erschaute sein."

Rabbi Dow Bär, einer der größten Mystik-Lehrer des Chassidismus, schrieb: „Ich will euch die beste Weise lehren, Thorah zu sagen. Seid nichts als ein Ohr, das in sich trägt, was das All des Wortes zu euch sagt. Im Moment, da ihr hört, was ihr selbst sagt, müßt ihr innehalten."

Patanjali, ein Weiser des Ostens, nannte diese Technik „gefesselte Aufmerksamkeit" und beschrieb sie als eine Lehre, die „den Geist unverwandt auf eine Stelle heftet". Wir müssen uns indes sanft festbinden, mit Humor und Verständnis für unsere mangelnde Disziplin.

Das Fehlen dieser geschulten Disziplin unseres eigenen Willens wird sofort sichtbar, wenn wir diese Übung ausführen. In den Worten eines Schülers, der sich ihr widmete, ist sie „juckend, kneifend und beißend". Wir empfinden ständig das Bedürfnis, unsere Körperhaltung zu ändern, wir werden schläfrig, unvermittelt beschreiben wir unsere Wahrnehmung mit Worten, wir lösen Probleme, die uns seit Wochen auf der Seele gelegen haben, wir können uns nicht konzentrieren, oder irgend etwas anderes hält uns von der Disziplin ab. Es kommt auch vor, daß wir feststellen, wir hätten nun einen Augenblick lang wirklich nur „betrachtet"; wir preisen uns, daß wir die Meditation so gut machen, und damit sind wir bereits weit vom Wege abgekommen.

Lawrence Le Shan, Meditation als Lebenshilfe

Stehen, sitzen, laufen

*E*in in der Meditation erfahrener Mann wurde einmal gefragt, warum er trotz seiner vielen Beschäftigungen immer so gesammelt sein könne. Dieser sagte: „Wenn ich stehe, dann stehe ich, wenn ich gehe, dann gehe ich, wenn ich sitze, dann sitze ich, wenn ich esse, dann esse ich, wenn ich spreche, dann spreche ich..."

Da fielen ihm die Fragesteller ins Wort und sagten: „Das tun wir auch, aber was machst du noch darüber hinaus?"

Er sagte wiederum: „Wenn ich stehe, dann stehe ich, wenn ich gehe, dann gehe ich, wenn ich sitze, dann sitze ich, wenn ich esse, dann esse ich, wenn ich spreche, dann spreche ich..."

Wieder sagten die Leute: „Das tun wir auch."

Er aber sagte zu ihnen: „Nein. Wenn ihr sitzt, dann steht ihr schon, wenn ihr steht, dann lauft ihr schon, wenn ihr lauft, dann seid ihr schon am Ziel..."

Zen-Geschichte

Tag und Nacht

*E*in persischer Schah pflegte während der Nacht zu wachen und zu beten. Ein Freund, der ihn besuchte, wunderte sich über seine lange Meditation nach der Arbeit eines ganzen Tages. „Es ist zu viel", sagte er, „du brauchst nicht so lange zu meditieren." – „Sag das nicht", war die Antwort, „denn du verstehst es nicht. Nachts folge ich Gott, aber während des Tages folgt Gott mir."

Die Zeiten der Meditation bringen den ganzen Organismus in gleichmäßigen Fluß, wie der Strom in den Ozean fließt. Sie halten den Meditierenden in keiner Weise von seinen Pflichten ab, sondern segnen jedes Wort, das er spricht, mit den Gedanken an Gott.

Hazrat Inayat Khan, Wanderer auf dem inneren Pfad

Ruhe-Übung

*W*enn die Lippen geschlossen sind, beginnt das Herz zu sprechen; wenn das Herz schweigt, entzündet sich die Seele, wird zur Flamme und erleuchtet das ganze Leben. Dieser Gedanke zeigt die große Bedeutung der Stille, und diese Stille wird in der Ruhe erlangt. Die meisten Menschen wissen nicht, was Ruhe bedeutet, weil sie nur ein Verlangen danach haben, wenn sie müde sind, während sie sonst nicht die Notwendigkeit der Ruhe erkennen.

Wann lernen wir Nachdenklichkeit? Im Schweigen. Und wann üben wir Geduld? Im Schweigen.

Schweigen heißt, daß wir jedes Wort und jede Handlung vorher erwägen sollen. Ein meditativer Mensch hat gelernt, dieses Schweigen in seinem täglichen Leben natürlich zu gebrauchen. Wer im täglichen Leben zu schweigen weiß, hat bereits zu meditieren gelernt. Jemand mag eine halbe Stunde des Tages für die Meditation reservieren, aber wenn er danach zwölf bis fünfzehn Stunden aktiv ist, verbraucht die Aktivität alle Kraft, die er in der Meditation gewonnen hat. Beides muß zusammen wirken. Wer die Kunst des Schweigens erlernen will, muß das Schweigen in seinem Bewußtsein festhalten, wieviel Arbeit er auch zu tun hat. Wenn man dies nicht beachtet, wird man nicht den vollen Gewinn aus der Meditation haben.

Hazrat Inayat Khan, Vom Glück der Harmonie

Rastlos

*A*ls der Meister den Gouverneur zur Meditation einlud und die Antwort erhielt, er sei zu beschäftigt, sagte er zu ihm: „Ihr erinnert mich an einen Mann, der mit verbundenen Augen im Dschungel umhergeht – und zu beschäftigt ist, die Binde abzunehmen."
Als der Gouverneur vorgab, keine Zeit zu haben, sagte der Meister: „Es ist ein Irrtum, daß Meditation aus Zeitmangel nicht möglich ist. Der wahre Grund ist ein rastloser Verstand."

Es war einmal ein erschöpfter Holzfäller, der Zeit und Kraft verschwendete, weil er mit einer stumpfen Axt einschlug. Denn wie er sagte, habe er keine Zeit, die Schneide zu schärfen.

Anthony de Mello, Warum der Schäfer jedes Wetter liebt

Alles ist Hingabe

*D*ie Praxis der Meditation ist nichts, was man zur Vorbereitung auf einen künftigen Ernstfall in Wiederholungen übt. Es mag merkwürdig und unlogisch klingen, wenn man sagt, daß die Meditation in der Form des Yoga, Dhyana oder Za-zen, wie sie die Hindus und Buddhisten üben, eine Praxis ohne Zweck – für irgend etwas Künftiges – ist, denn dabei handelt es sich um die Kunst, vollkommen im Hier und Jetzt gesammelt zu sein. „Ich bin nicht schläfrig, und es gibt keinen Ort, wohin ich gehe."

Wir leben in einer Kultur, die völlig von der Illusion der Zeit hypnotisiert ist und in der der sogenannte jetzige Augenblick lediglich als der unendlich dünne Haarstrich zwischen einer alles beherrschenden ursächlichen Vergangenheit und einer mit ihrer Wichtigkeit alles vereinnahmenden Zukunft ist. Wir haben keine Gegenwart. Unser Bewußtsein ist so gut wie ganz von Erinnerungen und Erwartungen in Beschlag genommen. Uns ist gar nicht mehr bewußt, daß es eine andere Erfahrung als diejenige des gegenwärtigen Augenblicks niemals gab, gibt oder geben wird. Daher haben wir den Kontakt mit der Wirklichkeit verloren. Wir verwechseln die Welt, über die man redet und schreibt und die man beurteilt, mit der Welt, die tatsächlich ist. Unsere Faszination für die nützlichen Werkzeuge der Namen und Zahlen, der Symbole, Zeichen, Begriffe und Ideen hat uns ganz krank gemacht. Daher ist die Meditation die Kunst, mit dem verbalen und symbolischen Denken für einige Zeit auszusetzen. Man könnte das damit vergleichen, wie ein höfliches Publikum mit Reden aufhört, wenn ein Konzert anfangen soll.

Setzen Sie sich einfach hin, schließen Sie die Augen und horchen Sie auf alle Geräusche, die zu hören sind – ohne sie zu benennen oder zu identifizieren. Hören Sie ihnen zu, wie Sie sich Musik anhören würden. Wenn Sie merken, daß Ihr verbales Denken nicht aufhört, dann versuchen Sie nicht, es mit Willenskraft abzustellen. Lassen Sie einfach Ihre Zunge entspannt und locker auf dem Unterkiefer ruhen und hören Sie Ihren Gedanken zu, als wären es Vögel, die draußen vor dem Fenster zwitschern, wie ein bloßes Geräusch in Ihrem Schädel. Schließlich legen sie sich von allein, genau wie ein aufgewühlter, schlammiger Teich still und klar wird, wenn man ihn nur lange genug sich selbst überläßt …

Achten Sie auch auf Ihren Atem und lassen Sie Ihre Lungen in dem Rhythmus arbeiten, der ihnen am besten liegt. Dann bleiben Sie eine Zeit lang einfach sitzen und horchen Sie auf Ihren Atem und fühlen ihn. Aber wenn möglich, *nennen* Sie ihn nicht so. Erfahren Sie einfach nonverbal sein Sich-Ereignen. Sie könnten einwenden, das sei keine „spirituelle" Meditation, sondern bloße Aufmerksamkeit auf die „physische" Welt. Doch wenn Sie vom Spirituellen und vom Physischen reden, sind das nur Vorstellungen, philosophische Begriffe. Jetzt aber geht es darum, daß die Wirklichkeit, auf die Sie achten, nicht nur eine Vorstellung ist. Zudem gibt es auch kein „Sie", das darauf achtet. Auch das war nur eine Vorstellung. Können Sie sich selbst horchen hören?

Und dann fangen Sie an, Ihren Atem „herausfallen" zu lassen, langsam und leicht. Zwingen Sie Ihre Lungen nicht, strengen Sie sie nicht an, sondern lassen Sie den Atem auf die selbe Weise herauskommen, wie Sie sich selbst in ein bequemes Bett fallen lassen. Lassen Sie ihn schlicht gehen, gehen, gehen. Sobald Sie die geringste Anspannung verspüren, lassen Sie ihn als Reflex zurückkommen; ziehen Sie ihn nicht ein. Vergessen Sie die Uhr. Vergessen Sie das Zählen. Lassen Sie das einfach so weitergehen, solange Sie das als Luxus empfinden, den Sie sich leisten dürfen. Wenn Sie Ihren Atem auf diese Weise gehen und kommen lassen, entdecken Sie, wie man ohne Krafteinsatz Energie erzeugen kann. ... Wie lange sollte man dabei bleiben? Meinem eigenen und vielleicht unorthodoxen Empfinden nach kann man so lange dabei bleiben, wie man nicht das Gefühl hat, etwas zu erzwingen. Das kann während einer Sitzung leicht bis zu 30 oder 40 Minuten andauern, worauf man dann wieder an der üblichen Rastlosigkeit und Zerstreuung teilnehmen will.

Wenn man sich zur Meditation setzt, ist es am besten, man legt sich dazu ein hartes Kissen auf den Boden, hält die Wirbelsäule aufrecht, aber nicht steif und legt die Hände in den Schoß, mit den Handflächen nach oben, so daß sie leicht aufeinander liegen; dazu kreuzt man die Beine wie eine Buddha-Figur, entweder in der ganzen oder halben „Lotus"-Stellung, oder man kniet und setzt sich hinten auf die Fersen. „Lotus" heißt, daß man einen oder beide Füße mit der Sohle nach oben auf den gegenüberliegenden Schenkel legt. Diese Haltungen sind etwas unbequem, aber sie haben deshalb den Vorzug, Sie wach zu halten!

Achten Sie nur einfach auf das, was *Jetzt* geschieht...

Es wird von einem Mann erzählt, der mit Blumengaben in beiden Händen zum Buddha kam. Der Buddha sagte zu ihm: „Laß sie fallen!" So ließ er die Blumen in seiner linken Hand fallen. Da sagte der Buddha noch einmal: „Laß sie fallen!", und ließ die Blumen in seiner rechten Hand fallen. Darauf sagte der Buddha: „Laß das fallen, was du weder in der Rechten noch in der Linken, sondern in der Mitte hast!" Da erlangte der Mann auf der Stelle die Erleuchtung.

Es ist ein wunderbares Gefühl, wenn man spürt, daß alles Leben und Sichbewegen ein Fallenlassen ist, ein sich Hingeben an die Schwerkraft. Schließlich fällt die Erde um die Sonne, und die Sonne ihrerseits fällt um irgendeinen anderen Stern. Die Energie geht den Weg des geringsten Widerstandes. Energie ist Masse. Die Kraft des Wassers folgt ihrem eigenen Gewicht. Alles kommt zu dem, der wiegt.

Alan Watts, Leben ist jetzt

11
Lauf vor dem Tod nicht davon
Heute mit dem Leben beginnen

Alle versuchen die Zeit totzuschlagen.
Und keiner will sterben.

Französisches Sprichwort

Es ist wenig Raum zwischen der Zeit,
wo man zu jung, und der, wo man zu alt ist.

Charles de Montesquieu

Man hat genug Zeit, um alt zu werden.

Samuel Beckett

Für Langstrecken-Leidende
gibt es am Ende des Lebens keine Medaillen.

Jo Ann Larsen

Ewig – vergänglich

*E*in Gebet des Mose, des Mannes Gottes.
Herr, du warst unsere Zuflucht von Geschlecht zu Geschlecht.
Ehe die Berge geboren wurden, die Erde entstand und das Weltall,
bist du, o Gott, von Ewigkeit zu Ewigkeit.
Du läßt die Menschen zurückkehren zum Staub und sprichst:
„Kommt wieder, ihr Menschen!"
Denn tausend Jahre sind für dich wie der Tag, der gestern vergangen ist, wie eine Wache in der Nacht.
Von Jahr zu Jahr säst du die Menschen aus; sie gleichen dem sprossenden Gras. Am Morgen grünt es und blüht, am Abend wird es geschnitten und welkt ...
All unsere Tage gehn hin unter deinem Zorn, wir beenden unsere Jahre wie einen Seufzer.
Unser Leben währt siebzig Jahre, und wenn es hoch kommt, sind es achtzig.
Das Beste daran ist nur Mühsal und Beschwer, rasch geht es vorbei, wir fliegen dahin.
Wer kennt die Gewalt deines Zornes und fürchtet sich vor deinem Grimm?
Unsere Tage zu zählen lehre uns!
Dann gewinnen wir ein weises Herz.

Psalm 90

Vorbereitet – unvorbereitet

*D*ie Menschen verbringen ihre ganze Zeit mit Vorbereiten, Vorbereiten, Vorbereiten ... Nur um dem nächsten Leben dann gänzlich unvorbereitet zu begegnen.

Drakpa Gyaltsen

Wie der Mittwoch kommt

*W*ie der Mittwoch kommt,
der Donnerstag kommt,
der Freitag kommt,
kommt auch der Tag,
dessen Datum du nicht liest in der Zeitung,
dessen Kalenderblatt
ein anderer abreißt.

Rudolf Otto Wiemer

Täuschung

*D*arin täuschen wir uns,
daß wir den Tod immer nur vor uns sehen;
ein großer Teil von ihm liegt schon hinter uns;
die ganze Zeit, die wir bisher durchlebten,
hat der Tod schon.

Seneca

Schlußfolgerung

*W*ie ich nicht weiß, woher ich komme, so weiß ich auch nicht,
wohin ich gehe; und ich weiß nur, daß ich, wenn ich aus dieser
Welt gehe, für immer entweder in das Nichts oder in die Hände
Gottes falle, ohne zu wissen, welcher dieser beiden Zustände ewig-
lich mein Teil sein soll. Dies ist mein Stand im Dasein, voller
Schwachheit und Ungewißheit. Und aus alledem schließe ich, daß
ich also alle Tage meines Lebens verbringen darf, ohne daran zu
denken, das zu erforschen, was mir beschieden sein soll.

Blaise Pascal, Gedanken

Was tun?

*I*hren eigenen Tod verdrängen beide: jene, die durch noch mehr Tempo der Zeitgrenze zu entfliehen glauben, wie auch die, die mit großer Weigerungspose die Zeiger anzuhalten oder zurückzudrehen versuchen. Meinen die einen, dem Tode zu entrinnen, indem sie die Zeit beherrschen, tuns die anderen, indem sie versuchen, sie nicht bewußt wahrzunehmen. Auch die größte Weigerung wird dort lächerlich, wo sie sich weigert, ihre Endlichkeit zu akzeptieren. Das Problem des Todes wird scheinbar „entsorgt".

Der Trauerzug wird zum Verkehrshindernis. Der Tod ist tot: „Von Beileidsbekundungen bitten wir Abstand zu nehmen". Da wird das Zeitliche nicht mehr gesegnet, nur noch sozialhygienisch verdrängend verwaltet. „Ja mei", so der Seufzer von Karl Valentin, „alte Leit, die gibt's heit nimmer, und die, die's no gibt, die san olle von früher." Die lautlose und unauffällige Aussonderung alter Menschen aus der übrigen Gemeinschaft, derjenigen eben, denen man die Zeit ansieht, gleicht der Absonderung des Todes durch die im vorigen Jahrhundert begonnene Verlagerung der Friedhöfe in die Außenbezirke unserer Kommunen. Aber wie das Altwerden kann auch der Tod der linearen Zweckrationalität unserer Industriekultur nicht zugeordnet werden. „Das Leben, das wir dazu verbrauchen, uns dem Tode zu nähern, verbrauchen wir dazu, ihn zu fliehen" (Simmel). Der Tod ist das unendliche Dementi der Fortschrittshoffnungen und auch der Fortschrittsanstrengungen, und er ist das unausweichliche Eingeständnis des Versagens aller wirklich radikalen Alternativen der Zeitgestaltung.

Aber, was tun? Wenn die Furcht vor Alter und Tod sich in einer permanenten und hektischen Flucht davor ausdrückt, die letztlich eine Flucht vor dem Leben ist, dann kann die Antwort nur in der Aufforderung bestehen, sich mit der Tatsache der eigenen Sterblichkeit auseinanderzusetzen, die Endlichkeit unseres Lebens nicht zu verdrängen und mit der Angst vor dem Tode offen umzugehen.

Karlheinz A. Geißler, Zeit

Eine Sache der Zeit?

*V*ielleicht müßte man unterscheiden zwischen Zeit und Vergängnis: die Zeit, was die Uhren zeigen, und Vergängnis als unser Erlebnis davon, daß unserem Dasein stets ein anderes gegenübersteht, ein Nichtsein, das wir als Tod bezeichnen. Auch das Tier spürt seine Vergängnis; sonst hätte es keine Angst. Aber das Tier hat kein Bewußtsein, keine Zeit, keinen Behelf für seine Vorstellung; es erschrickt nicht über einer Uhr oder einem Kalender, nicht einmal über einem Kalender der Natur. Es trägt den Tod als zeitloses Ganzes, eben als Allgegenwart: wir leben und sterben jeden Augenblick, beides zugleich, nur daß das Leben geringer ist als das andere, seltener, und da wir nur leben können, indem wir zugleich sterben, verbrauchen wir es, wie eine Sonne ihre Glut verbraucht; wir spüren dieses immerwährende Gefälle zum Nichtsein, und darum denken wir an Tod, wo immer wir ein Gefälle sehen, das uns zum Vergleich wird für das Unvorstellbare, irgendein sichtbares Gefälle von Zeit: ein Ziehen der Wolken, ein fallendes Laub, ein Wachsen der Bäume, ein gleitendes Ufer, eine Allee mit neuem Grün, ein aufgehender Mond. Es gibt kein Leben ohne Angst vor dem andern; schon weil es ohne diese Angst, die unsere Tiefe ist, kein Leben gibt: erst aus dem Nichtsein, das wir ahnen, begreifen wir für Augenblicke, daß wir leben. Man freut sich seiner Muskeln, man freut sich, daß man gehen kann, man freut sich des Lichtes, das sich in unsrem dunklen Auge spiegelt, man freut sich seiner Haut und seiner Nerven, die uns so vieles spüren lassen, man freut sich und weiß mit jedem Atemzug, daß alles, was ist, eine Gnade ist. Ohne dieses spiegelnde Wachsein, das nur aus der Angst möglich ist, wären wir verloren; wir wären nie gewesen ...

Max Frisch, Tagebuch

Mein Leben

Um das Leben zu sehen, wie es wirklich ist, hilft nichts so sehr wie die Tatsache des Todes.

Ich stelle mir vor, hundert Jahre sind nach meinem Tod vorübergegangen und ich komme noch einmal wieder. Außer ein bis zwei vergilbten Fotografien in einem Album oder an einer Wand und der Inschrift auf meinem Grabstein ist kaum etwas von mir übriggeblieben, nicht einmal die Erinnerung meiner Freunde, weil keiner mehr lebt … Trotzdem forsche ich nach irgendwelchen Spuren, die von meiner Existenz vielleicht noch auf der Erde vorhanden sind …

Ich schaue in mein Grab hinein und finde eine Handvoll Staub und zerbröckelte Knochen im Sarg. Meine Augen bleiben an diesem Staub hängen, und ich denke an mein Leben zurück: Erfolge und Tragödien … Ängste und Freuden … Mühen, Konflikte … Bestrebungen und Wunschträume … Liebe und Abneigung … all das, was mein Leben ausgemacht hat. Und all das ist nun vom Wind verweht, vom Universum verschlungen … Nur noch ein wenig Staub ist übriggeblieben als Zeichen, daß es einmal etwas gegeben hat: mein Leben.

Wie ich so diesen Staub betrachte, kommt es mir vor, als fiele eine schwere Last von meinen Schultern – die Last meiner Einbildung, etwas zu bedeuten …

Dann blicke ich auf und betrachte die Welt um mich her – die Bäume, die Vögel, die Erde, die Sterne, den Sonnenschein, den Schrei eines Säuglings, einen vorüberfahrenden Zug, die eilenden Wolken, den Tanz des Lebens und des Universums … und ich weiß, daß in allem irgendwo die Überreste jenes Menschen sind, den ich „Ich" genannt habe, und jenes Leben, welches das meine war.

Anthony de Mello, Daß ich sehe

Weglaufen hilft nicht

*E*in Kaufmann in Bagdad schickte seinen Diener mit einem Auftrag zum Basar. Der Mann kam blaß und zitternd vor Angst zurück.

„Herr", sagte er, „auf dem Markt traf ich einen Fremden. Als ich ihm ins Gesicht blickte, sah ich, daß es der Tod war. Er wies mit einer drohenden Gebärde auf mich und ging davon. Nun habe ich Angst. Bitte gebt mir ein Pferd, daß ich sofort nach Samarra reiten kann, um mich möglichst weit vom Tod zu entfernen."

Der Kaufmann war besorgt um den Mann und gab ihm sein schnellstes Roß. Der Diener saß auf und war im Handumdrehen verschwunden.

Später ging der Kaufmann selbst auf den Basar und sah den Tod in der Menge herumlungern. Er ging zu ihm hin und sagte: „Du hast heute morgen vor meinem armen Diener eine drohende Gebärde gemacht. Was sollte das bedeuten?"

„Das war keine drohende Gebärde, Sir", sagte der Tod. „Es war nur ein erstauntes Zusammenfahren, weil ich ihn hier in Bagdad traf?"

„Warum sollte er nicht in Bagdad sein? Hier wohnt er doch."

„Nun, mir hatte man zu verstehen gegeben, daß ich ihn heute abend in Samarra treffen würde."

Die meisten Menschen haben solche Angst zu sterben, daß sie ganz darauf gerichtet sind, den Tod zu vermeiden und dabei nie richtig leben.

Anthony de Mello, Eine Minute Unsinn

Nur keine Unruhe

*D*emjenigen, der zu Sokrates sagte: „Die dreißig Tyrannen haben dich zum Tode verurteilt", antwortete er: „Und die Natur sie."
Welche Dummheit, uns zu plagen wegen des Übergangs zur Befreiung von aller Plage!

Wie unsere Geburt uns die Geburt aller Dinge war, so wird unser Tod uns der Tod aller Dinge sein. Deshalb ist es die gleiche Torheit, darüber zu weinen, daß wir in hundert Jahren nicht mehr leben werden, wie darüber zu weinen, daß wir vor hundert Jahren noch nicht gelebt haben. Der Tod ist der Anfang eines anderen Lebens. Ebenso sehr weinten wir, ebenso beschwerlich war es uns, in dieses einzutreten; ebenso legten wir unsere alte Hülle ab, als wir eintraten.

Nichts kann schlimm sein, das nur einmal geschieht. Ist es vernünftig, sich so lange vor einer Angelegenheit zu fürchten, die so kurze Zeit dauert? Lange Zeit leben und kurze Zeit leben: durch den Tod wird das ganz einerlei. Denn Dinge, die nicht mehr sind, sind weder kurz noch lang. Aristoteles sagte, es gäbe kleine Tiere auf dem Flusse Hypanis, die nur einen Tag lebten. Eines, das früh morgens um acht stirbt, stirbt in seiner Jugend; und dasjenige, das abends um fünf stirbt, an Altersschwäche. Wer von uns würde nicht spotten, wenn man diese Fristen nach Glück oder Unglück bewerten wollte? Das Mehr oder Weniger unseres Lebens, wenn wir es mit der Ewigkeit vergleichen, oder auch mit der Dauer der Berge, der Flüsse, der Sterne, der Bäume oder selbst einiger Tiere, ist nicht weniger lächerlich.

Aber die Natur zwingt uns dazu. „Geht aus dieser Welt", sagt sie, „wie ihr hineingekommen seid. Denselben Weg, den ihr vom Tod zum Leben gewandert seid, ohne Unruhe und Furcht, geht ihn nun vom Leben zum Tod. Euer Tod ist ein Teil der Ordnung des Weltalls; er ist ein Stück des Lebens der Welt. Soll ich etwa euch zu Gefallen diese schöne Verknüpfung der Dinge ändern? Die Bedingung eurer Schöpfung, ein Teil von euch selbst, ist der Tod; ihr flieht vor euch selbst. Dieses euer Dasein, das ihr genießt, hat gleichermaßen teil am Tod und am Leben. Mit dem Augenblick eurer Geburt seid ihr auf dem Weg zum Sterben und zum Leben.

Soviel, wie ihr lebt, entwendet ihr dem Leben; es geht auf seine Kosten. Das andauernde Werk eures Lebens ist es, euren Tod aufzuführen. Ihr sterbt schon, während ihr noch lebt. Denn ihr habt den Tod hinter euch, wenn ihr nicht mehr am Leben seid.

Oder, wenn es euch so herum besser gefällt: Nach dem Leben seid ihr tot; aber während des Lebens seid ihr Sterbende; und der Tod trifft den Sterbenden viel härter und viel lebhafter und wesentlicher als den Toten.

Habt ihr euer Leben genutzt, so seid ihr satt, steht zufrieden auf und geht! Habt ihr nicht verstanden, es zu nutzen, war es euch unnütz, was kümmert es euch dann, es zu verlieren, wozu wollt ihr es noch länger?

Das Leben ist, an sich betrachtet, weder ein Wohl noch ein Übel; es ist der Wohnort des Wohls oder des Übels, je nachdem, was ihr hineinlegt. Und wenn ihr einen Tag gelebt habt, so habt ihr alles gesehen. Ein Tag ist gleich allen Tagen. Es gibt kein anderes Licht und keine andere Nacht. Diese Sonne, dieser Mond, diese Sterne, dieses Weltgebäude, es ist dasselbe, das eure Ahnen genossen haben und das eure Enkel erfreuen wird.

Und wenn es aufs Ganze kommt, so sind alle Akte meiner Komödie, nach Rollenverteilung und Vielfalt, in einem Jahr aufgeführt. Meine vier Jahreszeiten, wenn ihr auf ihre Veränderungen achtgegeben habt, begreifen die Kindheit, die Jugend, das Mannes- und das Greisenalter der Welt in sich. Sie hat ihr Spiel gespielt. Es fällt ihr nichts anderes ein, als wieder von vorne anzufangen. Es wird immer dieses selbe sein. Ich bin nicht willens, euch einen anderen neuen Zeitvertreib zu ersinnen. Macht den anderen Platz, wie andere euch Platz gemacht haben ...

Keiner stirbt vor seiner Stunde. Was an Zeit auf euch folgt, gehört euch ebensowenig und geht euch ebensowenig an wie die Zeit, die vor eurer Geburt verflossen ist. Wo immer euer Leben endet, dort ist es ganz vollendet. Der Nutzen des Lebens liegt nicht in seiner Länge, sondern in dem Gebrauch, den man von ihm macht: manch einer hat lange Jahre gelebt, und doch wenig gelebt; denkt daran, solange ihr noch da seid. Es liegt in eurem Willen, nicht an der Zahl der Jahre, ob ihr gelebt habt. Dachtet ihr denn, ihr würdet nie dorthin gelangen, wohin ihr ohne Unterlaß wandert? Es gibt keinen Weg, der nicht einmal sein Ziel erreichte... Alle Tage gehen nach dem Tode zu, der letzte kommt dort an.

Michel de Montaigne, Essais

Dreifaches Lachen

*E*inst starb in der Sketis ein Altvater. Die Brüder umstanden sein Bett, um ihm beizustehen und ihn zu beweinen. Er aber öffnete seine Augen und lachte, öffnete wieder seine Augen und lachte ein zweites Mal und tat dasselbe ein drittes Mal. Da fragten ihn die Brüder: „Sage uns, Vater, warum du lachst, während wir weinen?" Der Altvater antwortete: „Zum ersten Mal habe ich gelacht, weil ihr alle den Tod fürchtet. Zum zweiten Mal, weil ihr nicht bereit seid. Und zum dritten Mal, weil ich von der Arbeit hingehe zur Ruhe."

Wüstenväter

Das letzte Stündlein

*E*inem sterbenskranken alten Bauern setzt der Pfarrer zu, er solle sich mit seinem ihm verfeindeten Nachbarn versöhnen, da doch nun sein letztes Stündlein nahe.

Es kommt dem harten Schädel schwer an, dem Pfarrer die Erlaubnis zu geben, daß er den Nachbarn zur Versöhnung holen darf. Und als er die Genehmigung gegeben hat, ist er noch immer keineswegs mit der Angelegenheit fertig. Er ruft dem Pfarrer nach: „Aber wenn ich wieder werd, dann bleibt's mit dem Mattes beim alten!"

Wilhelm von Scholz

Nie zu spät

*D*as ist das Geheimnis der Gnade: daß es nie zu spät ist.

Francois Mauriac

Lauscht!

*A*ls die Schüler baten, ihnen ein Modell von Spiritualität zu geben, das sie nachahmen könnten, sagte der Meister nur: „Still, lauscht!" Und als sie auf die Laute der Nacht draußen lauschten, begann der Meister leise den berühmten Haiku zu sprechen:

„Von einem frühen Tod,
zeigt die Zikade sich unbeeindruckt.
Sie singt."

Anthony de Mello, Eine Minute Weisheit

Die Uhren

*D*ie Uhren haben mich lange krank gemacht.
Daß Zeit vergeht, tut körperlich weh

und die unruhigen kleinen Zeiger liefen
von Sommer zu Winter

und wieder zu Winter zurück
und sprangen immer rascher als ich

dergleichen ist unerträglich

Lange haben mich die Uhren krank gemacht.
Tun es nicht mehr
kann es mir nicht mehr leisten, nicht zu hoffen.

Lichtmeer, Geschichte, Geduld
und die Hoffnung

die noch verbleibende Zeit ist in Wahrheit
sehr lang, die noch verbleibende Zeit

ist die Zeit, da wir uns selbst finden werden
die noch verbleibende Zeit hat die vergangene Zeit gebraucht.

Lars Gustafsson, Eine Insel in der Gegend von Magora

QUELLEN

1. Was also ist die Zeit?
Rätsel, Staunen, Gedanken

Prediger Salomo, Der Mensch kennt seine Zeit nicht, Das Buch Kohelet 9, 11–12. Nach der Jerusalemer Bibel, Verlag Herder, Freiburg i. Br. 1968.

Bhagavadgita: Voller Hast, zit. nach Marie Luise von Franz, Zeit, Strömen und Stille, Frankfurt a. M. 1981, S. 6.

Aurelius Augustinus, Ich weiß es, und ich weiß es nicht, in: Aurelius Augustinus, Bekenntnisse. Elftes Buch, Bibliothek der Kirchenväter, hg. von Franz X. Reithmayr, Kempten 1884, S. 380

Fernando Pessoa, Verwirrend, in: ders., Das Buch der Unruhe, Verlag Ammann & Co., Zürich, 6. Auflage 1994.

Paul Fleming, Die Zeit ist was und nicht, ders., Gedanken über die Zeit.

Bernhard Welte, Gelebte Zeit, aus: ders., Meditation über Zeit, in: Tübinger Theologische Quartalschrift 151, 1971, S. 289–299; auch in: ders., Zeit und Geheimnis, Verlag Herder, Freiburg i. Br. 1975, S. 15–27.

Khalil Gibran, Maßlos, unvermeßlich, in: ders., Der Prophet, Walter-Verlag, Olten – Zürich 1973.

Hans Arp, Sekundenzeiger, aus: Gesammelte Gedichte 1. Gedichte 1903–1939, © Verlags AG Die Arche, Zürich und Limes Verlag, München 1963. Erstdruck in: ders., Wortträume und schwarze Sterne. Auswahl aus den Gedichten der Jahre 1911–1952, Limes-Verlag Wiesbaden 1953.

Erich Fried, Die Zeit der Steine, in: ders., Reich der Steine, Claassen-Verlag, Hamburg 1963 (jetzt Hildesheim).

2. Die Zeit ist aus den Fugen
Heillose Flucht nach vorn

Günther Anders, Der Hiob von heute, in: ders., Die Antiquiertheit des Menschen. 2. Über die Zerstörung des Lebens im Zeitalter der dritten industriellen Revolution, Verlag C. H. Beck, München 1980, S. 339 f.

Kurt Tucholsky, Der zappelnde Nichtstuer, zitiert in: Geißler, Zeit leben, S. 105, aus: Kurt Tucholsky, Gesammelte Werke, Rechte Verlag Rowohlt, Reinbek.

Marianne Gronemeyer, Versäumnisangst, in: dies., Das Leben als letzte Gelegenheit. Sicherheitsbedürfnisse und Zeitknappheit. Wissenschaftliche Buchgesellschaft, Darmstadt (2. unveränderte Auflage) 1996, S. 145 f.

Dschuang Dse, Schattenverfolgung, in: Worte, die Berge versetzen. Weisheit der Chinesen. Herausgegeben und eingeleitet von Karin Hasselblatt, Verlag Herder Freiburg Basel Wien, S. 77

Michel de Montaigne, Zeit-Vertreiber, zit. in: Geißler, Zeit leben.

Michel de Montaigne, Torheit, zit. in: Matthias Greffrath, Vom Schaukeln der Dinge. Montaignes Versuche, Wagenbach Verlag, Berlin 1984, S. 237 f.

Benjamin Franklin, Zeit ist Geld, zit. nach Max Weber, Die protestantische Ethik, Band 1, Tübingen 1969.

Rudolf Otto Wiemer, Planung, in: ders., Wortwechsel, Wolfgang- Fietkau-Verlag, Berlin.

Jewgeni Jewtuschenko, In Zeitnot, zit. bei Leopold Glaser, Die verschwundene Zeit, in: Badische Zeitung, 24. 12. 1996.

Marianne Gronemeyer, Der Hund, in: Marianne Gronemeyer, Das Leben als letzte Gelegenheit. Sicherheitsbedürfnisse und Zeitknappheit. Wissenschaftliche Buchgesellschaft, Darmstadt 1993, S. 104.

Paul Virilio, Aufbruch, Abbruch, in: ders., Der negative Horizont. Bewegung – Geschwindigkeit – Beschleunigung. Aus dem Französischen von Brigitte Weidmann, Verlag C. Hanser, München- Wien 1989, S. 33 f. 40.

Anthony de Mello, Konkurrenzkampf, in: ders., Eine Minute Unsinn. Weisheitsgeschichten. Herder/Spektrum Band 4379, Verlag Herder, Freiburg i. Br. 1991, S. 140.

Ulrich Greiner, Vergleichgültigung, aus: ders., Von der Vergleichgültigung. Wenn die Regelverletzung zur Regel wird, ist das Zusammenleben gefährdet, in: Die Zeit, 2. Mai 1997, S. 70. Mit freundlicher Genehmigung des Autors.

Georges Fülgraf, Paradoxie, aus: ders., Entschleunigung, in: Klaus Backhaus / Holger Bonus, Die Beschleunigungsfalle oder der Triumph der Schildkröte, Schäffer-Poeschel-Verlag Stuttgart, 2. Auflage 1997, 50 f.

Milan Kundera, Überholvorgang, in: ders., Die Langsamkeit, Verlag Hanser, München 1995, S. 5 ff.

Kraftwerk, Wir fahren, fahren, fahren, zit. in: Paul Virilio, Fahren, fahren, fahren, a.a.O.

Bertolt Brecht, Der Radwechsel, in: ders., Gesammelte Werke, Band 9, Suhrkamp-Verlag, Frankfurt a. M. 1967.

3. Langsamkeit ist das Geheimnis
Auf der Suche nach der gewonnenen Zeit

Henry David Thoreau, Es wird zu schnell gelebt, aus: ders., Leben aus den Wurzeln. Die Inspiration der Stille als Weg zum Wesentlichen, Herder/Spektrum Band 4507, Verlag Herder, Freiburg i. Br. 1996.

Türkisch, Der Geist geht zu Fuß. Die Episode wird – unter Bezug auf Hans Freyer – von Habermas berichtet, vgl. Jürgen Habermas, Notizen zum Mißverhältnis von Kultur und Konsum, in: Merkur, 10. Jg., Heft 3, 1956, S. 216.

Peter Heintel, Verein zur Verzögerung der Zeit, ders., Zum Verein zur Verzögerung der Zeit, Mai 1996. Mit freundlicher Genehmigung des Autors.

Karlheinz A. Geißler, Nimm dir Zeit und nicht das Leben, in: ders., Zeit. Verweile doch, du bist so schön, Verlag Beltz Quadriga, Weinheim 1996, S. 153 ff.

Anthony de Mello, Relativ schnell, in: ders., Wie ein Fisch im Wasser. Anleitung zum Glücklichsein, Herder/Spektrum Band 4459, Verlag Herder, Freiburg i. Br. 1996, S. 25.

Lin Yutang, Wenn Manhattan plötzlich langsam wird, in: ders., Weisheit des lächelnden Lebens, Deutsche Verlagsanstalt GmbH, Stuttgart 1979, S. 195.

Markgräfler Weisheit, Trinkzeit. Spruch auf einem Probierkrug des Markgräfler Winzers Emil Marget, Hügelheim.

Karlheinz A. Geißler, Kostbarkeit, in: ders., Zeit. Verweile doch, du bist so schön, Verlag Beltz Quadriga, Weinheim 1996, S. 214 ff.

Eknat Easwaran, Gewinn, in: ders., So öffnet sich das Leben. Acht Schritte zur Meditation, Verlag Herder, Freiburg i. Br. 1991, S. 111 f. 114.

Sten Nadolny, Die Entdeckung der Langsamkeit. Roman, Verlag Piper, München 1983, S. 17 f.

Anthony de Mello, Keine Zeit verlieren, ders., Eine Minute Unsinn. Weisheitsgeschichten. Herder/Spektrum Band 4379, Verlag Herder, Freiburg i. Br., S. 46.

Anthony de Mello, Zu schnell, in: ders., Wer bringt das Pferd zum fliegen? Weisheitsgeschichten. Herder/Spektrum Band 4303, Verlag Herder, Freiburg i. Br. 1986, S. 107.

Anthony de Mello, Kunstgeheimnis, in: ders., Warum der Schäfer jedes Wetter liebt. Weisheitsgeschichten, Herder/Spektrum Band 4523, Verlag Herder, Freiburg i. Br., S. 128.

Juan Ramón Jiménez, Lauf nicht, geh langsam, in: ders.: Herz, stirb oder singe, Zürich 1973, S. 67. Rechte: H. L. Davi.

Victor Auburtin, Der Kardinal im Regen, in: ders., 70 Feuilletons. Aus den goldenen zwanziger Jahren, Verlag Goldmann, München 1966, S. 139 f.

Nyanaponika, Übung im Innehalten, in: ders., Geistestraining durch Achtsamkeit, Verlag Beyerlein und Steinschulte, Herrnschrot 6. Auflage 1997, S. 139–141.

Thich Nhat Hanh, Rede über das achtsame Essen der Mandarine, in: ders., Alter Pfad, weiße Wolken, Verlag Theseus, Berlin.

Thich Nhat Hanh, Anleitung zum langsamen Gehen, in: ders., Der Geruch von frisch geschnittenem Gras. Aus dem Englischen von Ursula Richard, Zen-Verlag Theresiahoeve, Gondenbrett, 3. Auflage 1995.

4. Unterbrechung ist ein Anfang des Glücks
Vom Nutzen der nutzlosen Auszeit

Exodus, Heiliger Tag, Exodus 20, 8–11.
Matthäus, Keine Zeit, Evangelium nach Matthäus, Das Gleichnis vom königlichen Hochzeitsmahl, Kap. 22, 1–9.
Seneca, Festtage, in: Lucius Annaeus Seneca, Vom glückseligen Leben und andere Schriften. Auswahl hg. von Peter Jaerisch, Verlag Reclam, Stuttgart 1958, S. 59 f.
Bert Noglik, Provokation, ders., Doktor Murke und Mister Smith, in: Die Wochen-Zeitung Zürich, 20. 10. 1995. Rechte beim Autor.
Dorothee Sölle, Zeitansage, aus: Dorothee Sölle / Luise Schottroff, Hannas Aufbruch, GTB 498, Gütersloher Verlagshaus, Gütersloh 1990.
Karlheinz A. Geißler, Pausenqualität, in: ders., Zeit. Verweile doch, du bist so schön, Verlag Beltz Quadriga, Weinheim 1996, S. 174 ff.
Abba Poimen, Trägheit und Ruhe, in: Lebenshilfe aus der Wüste. Die alten Mönchsväter als Therapeuten. Ausgewählt und eingeleitet von Gertrude und Thomas Sartory, Herderbücherei Band 763, Freiburg i. Br. 1980, S. 50.
Po Yüchien, Zu faul, zit. in: Lin Yutang, Weisheit des lächelnden Lebens, Deutsche Verlagsanstalt, Stuttgart 1979, S. 185
Bertrand Russell, Lob des Müßiggangs, aus: ders., Lob des Müßiggangs, Paul Zsolney-Verlag, Wien und Hamburg 1957, S. 9.
Peter L. Berger, Kinderspiel, in: ders., Auf den Spuren der Engel. Die moderne Gesellschaft und die Wiederentdeckung der Transzendenz, Herder/Spektrum Band 4001, Verlag Herder, Freiburg i. Br. 1991, S. 92.
Erich Kästner, Tut, als ob stets Sonntag wäre, ders., Bürger, schont eure Anlagen, in: Gesammelte Schriften für Erwachsene, Atrium Verlag, Zürich 1969.
Maria Otto, Aufhören, in: Rudolf Walter (Hg.), Das Glück liegt auf der Hand. ABC der Lebensfreuden, Herder/Spektrum Band 4021, Verlag Herder, Freiburg i. Br. 1991, S.22 f.
Pablo Neruda, Ode an die Faulheit, ders., Erklärung einiger Dinge, in: Dichtungen, deutsch von Erich Arendt, Hermann Luchterhand Verlag, Darmstadt – Neuwied 1967. Rechte jetzt: Luchterhand Literaturverlag GmbH, München.
Abba Poimen, Nickerchen, in: Lebenshilfe aus der Wüste. Die alten Mönchsväter als Therapeuten. Ausgewählt und eingeleitet von Gertrude und Thomas Sartory, Herderbücherei Band 763, Freiburg i. Br. 1980 , S. 147.

5. Deinen eigenen Rhythmus finden
Alles hat seine besondere Zeit

Prediger Salomo, Alles hat seine Stunde, aus: Kohelet 3,1 ff.
Scott Eagle, Ein ganzer Tag, in: Käthe Recheis / Georg Bydlinski, Weißt du, daß die Sterne reden? Kerle-Verlag, Freiburg-Wien 1984, S. 12
Karlheinz A. Geißler, Eigenzeiten, in: ders., Zeit. Verweile doch, a. a. O., S. 18 f.

Karlheinz A. Geißler, „Sägen die Äste ab, auf denen sie saßen", in: ders., Zeit. Verweile doch, du bist so schön, Verlag Beltz Quadriga, Weinheim 1996, S. 79 ff.

Anthony de Mello, Gleichnis, ders., Eine Minute Weisheit, Herder/Spektrum Band 4569, Verlag Herder, Freiburg i. Br., S. 90.

David Steindl-Rast, Seelenmaß, in: David Steindl-Rast mit Sharon Lebell, Die Musik der Stille. Mit gregorianischen Gesängen zu sich selber finden. Droemer Knaur-Verlag, München 1995, S. 21 ff.

Anthony de Mello, Kosmische Pünklichkeit, in: ders., Eine Minute Unsinn, a. a. O., S. 109.

Mihalyi Czikszentmihalyi, Tagesrhythmus, in: ders., Kreativität, Verlag Klett-Cotta, Stuttgart 1996, S. 501 f.

Christian Morgenstern, Palmströms Uhr, in: ders., Sämtliche Dichtungen, Verlag Zbinden, Basel.

6. Selig die Geduldigen
Lob des Wartens

Paul Virilio, Ende der Welt, in: ders., Fahren, fahren, fahren... Aus dem Französischen übersetzt von Ulrich Raulf, Merve Verlag, Berlin, S. 30 f.

Peter Heintel, Nicht auf der Flucht, aus: ders., Warten und beschleunigen, in: Uhren. Das Schweizer Magazin für Politik und Wirtschaft, 4, 1996, S. 53 ff. Mit freundlicher Genehmigung des Autors.

Karlheinz A. Geißler, Wer warten kann, hat viel getan, in: ders., Zeit. Verweile doch, du bist so schön, Verlag Beltz Quadriga, Weinheim 1996. S. 166 ff. 30 f.

Baltasar Gracián, Vom Glück gekrönt, in: ders., Handorakel und Kunst der Weltklugheit. Deutsch von Arthur Schopenhauer, Alfred Kröner Verlag, Stuttgart 1973, S. 23.

Hazrat Inayat Khan, Zehn Tage, in: ders., Vom Glück der Harmonie. Ausgewählt, übersetzt und eingeleitet von Karima Sen Gupta. Herderbücherei Band 724, Freiburg i. Br. 1979, S. 85.

Wüstenväter, Mönchslehren, in: Lebenshilfe aus der Wüste. Die alten Mönchsväter als Therapeuten. Ausgewählt und eingeleitet von Gertrude und Thomas Sartory, Herderbücherei Band 763, Freiburg i. Br. 1980, S. 64 f.; Yushi Nomura, Vom Anzünden des göttlichen Feuers. Verlag Herder Freiburg i. Br., S. 30. 46.

Sogyal Rinpoche, Eile mit Weile, aus: ders., Funken der Erleuchtung, 22. April, Verlag O. W. Barth, Bern – München 1995.

Anthony de Mello, Samen, nicht Früchte, in: ders., Warum der Schäfer jedes Wetter liebt, a. a. O., S. 96.

Chinesisch, „Vor allem Geduld", nach einer mündlichen Mitteilung von Professor Peter Heintel.

Yushi Nomura, Der weise Schüler, in: Yushi Nomura, Vom Anzünden des göttlichen Feuers. Verlag Herder Freiburg i. Br., S. 75.

Hazrat Inayat Khan, Die beste Eigenschaft, in: ders., Vom Glück der Harmonie. Ausgewählt, übersetzt und eingeleitet von Karima Sen Gupta. Herderbücherei Band 724, Freiburg i. Br. 1979, S. 82.

Friedrich Nietzsche, Belohnung, in: ders., Werke in drei Bänden, München 1988, Band 3, S. 559 f.

Anthony de Mello, Durchhaltevermögen, Warum der Schäfer jedes Wetter liebt, a. a. O., S. 97.

Ulla Hahn, Seligpreisung, aus: dies., Unerhörte Nähe, Deutsche Verlagsanstalt, Stuttgart 1988.

7. Müßiggang – aller Liebe Anfang
Time is honey

Karlheinz A. Geißler, „Darling, liebst du mich?", in: ders., Zeit leben. Vom Hasten und Rasten, Arbeiten und Lernen, Leben und Sterben. Quadriga Verlag, Weinheim 3. Auflage 1989, S. 153 f.

Robert Walser, Ununterbrochen süß und herrlich, aus: ders., Der süße, herrliche Kuß, in: Das Gesamtwerk, Suhrkamp Verlag, Zürich Frankfurt 1978, © Carl Seelig Stiftung Zürich.

Georg Büchner, Zeiten der Liebe, Leonce und Lena, 3. Akt, 3. Szene.

Karlheinz A. Geißler, Uhrenlos, absichtslos, in: ders., Zeit. Verweile doch, du bist so schön, a.a. 0., S. 125 f.

Antoine de Saint-Exupéry, „Bitte ... zähme mich!", in: ders., Der Kleine Prinz, Rechte: Karl Rauch-Verlag, Düsseldorf 1950 und 1956.

Dietmar Mieth, Zärtlichkeit – Zeit für den anderen, in: ders., Die Kunst, zärtlich zu sein. Wege zur Sensibilität, Verlag Herder, 6. Auflage, Freiburg i. Br. 1989, S. 58; 90.

Giorgio Manganelli, Zur Einführung des Sechs-Minuten-Telefontakts, in: ders., Manganelli furioso, Wagenbach-Verlag, Berlin 1985.

Jörg Zink, Auch Trauer braucht Zeit, aus: ders., Vorwort zu Mechtild Voss-Eiser, Noch einmal sprechen von der Wärme des Lebens. Texte aus der Erfahrung Trauernder, Herder/Spektrum Band 4559, Verlag Herder, Freiburg i. Br. 1997.

Paulus, Die Liebe hat Zeit, ders., Erster Brief an die Korinther, Kap. 13, 4–13. Übertragung von Jörg Zink. Mit freundlicher Genehmigung des Übersetzers.

Paul Celan, Corona, aus: ders., Mohn und Gedächtnis, in: Gesammelte Werke in 5 Bänden, hg. von Beda Allemann und Stefan Reichert, Band 3, Frankfurt a. M. 1983, S. 59, Rechte: Deutsche Verlagsanstalt, Stuttgart 1952.

8. Zur Ruhe – und zu sich selber kommen
Nach innen geht der Weg

Pabo Neruda, Schweigt, in: ders., Viele sind wir. Späte Lyrik, herausgegeben, übertragen und eingeleitet von Erich Arendt, Hermann Luchterhand-Verlag, Darmstadt und Neuwied 1979, S. 29 f. Rechte jetzt: Luchterhand Literaturverlag GmbH, München.

Anthony de Mello, Reise zurück, in: ders., Warum der Schäfer jedes Wetter liebt, a. a. O., S. 121 f.

Hazrat Inayat Khan, Heimkehr, in: ders., Wanderer auf dem inneren Pfad. Ausgewählt, übersetzt und eingeleitet von Karina Sen Gupta, Herderbücherei 1320, Freiburg i. Br. 1986, S. 19.

Anthony de Mello, Tief in sich, in: ders., Von Gott berührt. Die Kraft des Gebetes, Verlag Herder, Freiburg i. Br. 1992, S. 21 f.

Konfuzius, Erregung zerstreut, in: Worte, die Berge versetzen. Weisheit der Chinesen. Herausgegeben und eingeleitet von Karin Hasselblatt, Verlag Herder, Freiburg Basel Wien.

Anthony de Mello, Ins Herz, in: ders., Eine Minute Weisheit, a. a. O., S. 44.

Anthony de Mello, Tranquilizer, in: ders., Wer bringt das Pferd zum Fliegen?, a. a. O., S. 142.

Hazrat Inayat Khan, Beruhigtes Denken, in: ders., Wanderer auf dem inneren Pfad. Ausgewählt, übersetzt und eingeleitet von Karina Sen Gupta, Herderbücherei 1320, Freiburg 1986, S. 100.

Lao Tse, Stilles Wasser, in: Worte, die Berge versetzen, a. a. O., S. 83.

Wüstenväter, Kein Vergleich, in: Lebenshilfe aus der Wüste. Die alten Mönchsväter als Therapeuten. Ausgewählt und eingeleitet von Gertrude und Thomas Sartory, Herderbücherei Band 763, Freiburg i. Br. 1980, S. 118.

Chinesisch, Gefunden, zit. bei Geißler, Zeit, a. a. O.

9. Lebe den Augenblick
Im Hier und Jetzt Erfüllung finden

Matthias Beltz, Vorfreuden, ders., Der arbeitende Mensch. Rüsselsheimische Dramaturgie, in: Freibeuter 19, Verlag Klaus Wagenbach, Berlin 1984.

Liä Dse, Gegenwartsgenuß, in: Worte, die Berge versetzen. Weisheit der Chinesen. Herausgegeben und eingeleitet von Karin Hasselblatt, Verlag Herder Freiburg-Basel-Wien, S. 23 ff.

Marie Luise Kaschnitz, Stelzvogel, in: dies., Engelsbrücke. Gesammelte Werke, Band 2, Claassen Verlag, Hamburg 1955 (jetzt Hildesheim), S. 113 f.

Friedrich Nietzsche, Pflöcke des Augenblicks, aus: ders., Unzeitgemäße Betrachtungen, in: Werke in drei Bänden, Band 1, herausgegeben von Karl Schlechta, München 1966, S. 211.

Patrul Rinpoche, Eine alte Kuh, in: Sogyal Rinpoche, Funken der Erleuchtung, O. W. Barth-Verlag, Bern – München 1995.

Anthony de Mello, Unser Hund, in: ders., Warum der Vogel singt, a. a. O., S. 22 f.

Johannes XXIII., Nur für heute, in: ders., Geistliches Tagebuch, Verlag Herder, Freiburg i. Br. 1969.

Bernhard Welte, Jetzt ist der Tag, in: ders., Zeit und Geheimnis, a. a. O., S. 15–27.

Anthony de Mello, Ewigkeit jetzt, in: ders., Der springende Punkt. Wach werden und glücklich sein, Verlag Herder, Freiburg i. Br. 1994, S. 46.

Alan Watts, Gegenwartsmusik, aus: ders., Leben ist jetzt. Der östliche Weg der Befreiung und die Verwandlung des Selbst. Aus dem Amerikanischen von Bernardin Schellenberger, Herder/Spektrum Band 4622, Verlag Herder, Freiburg i. Br. 1998.

10. Meditation kennt keine Zeit
Einfach nur sein

Johannes vom Kreuz, Schädliches Streben, in: ders., Worte von Licht und Liebe. Briefe und kleinere Schriften, Herder/Spektrum Band 4506, Verlag Herder, Freiburg i. Br. 1997, S. 26 f.

Maha Goshananda, Die Zeit essen, in: ders., Wenn der Buddha lächelt. Frieden finden – Schritt für Schritt, Herder/Spektrum Band 4544, Verlag Herder, Freiburg 1997, S. 54 ff.

Lawrence Le Shan, Aufmerksamkeit, in: ders., Vom Sinn des Meditierens. Schlüssel zu einem erfüllteren Leben, Herder/Spektrum Band 4615, Verlag Herder, Freiburg i. Br. 1997, S. 58 f.

Hazrat Inyat Khan, Tag und Nacht, in: ders., Wanderer auf dem inneren Pfad. Ausgewählt, übersetzt und eingeleitet von Karina Sen Gupta, Herderbücherei 1320, Freiburg 1986, S. 97

Hazrat Inayat Khan, Ruhe-Übung, in: ders., Vom Glück der Harmonie. Ausgewählt, übersetzt und eingeleitet von Karima Sen Gupta. Herderbücherei Band 724, Freiburg i. Br. 1979, S. 28. 29.

Anthony de Mello, Rastlos, in: ders., Warum der Schäfer jedes Wetter liebt, a. a. O., S. 32.

Alan Watts, Alles ist Hingabe, aus: ders., Leben ist jetzt. Der östliche Weg der Befreiung und die Verwandlung des Selbst. Aus dem Amerikanischen von Bernardin Schellenberger, Herder/Spektrum Band 4622, Verlag Herder, Freiburg i. Br. 1998.

11. Lauf vor dem Tod nicht davon
Heute mit dem Leben beginnen

Psalm 90, Ewig – vergänglich. Psalm 90, 1–12.

Rudolf Otto Wiemer, Wie der Mittwoch kommt, Rechte beim Autor.

Karlheinz A. Geißler, Was tun?, in: ders., Zeit leben. Vom Hasten und Rasten, Arbeiten und Lernen, Leben und Sterben. Beltz Quadriga Verlag, Weinheim. 3. Auflage 1989, S. 148 f.

Max Frisch, Eine Sache der Zeit?, in: ders., Tagebuch 1946–1949, Suhrkamp-Verlag, Frankfurt a. M. 1970.

Anthony de Mello, Mein Leben, in: ders., Daß ich sehe. Meditation des Lebens, Verlag Herder, Freiburg i. Br., S. 121 f.

Anthony de Mello, Weglaufen hilft nicht, in: ders., Eine Minute Unsinn, a. a. O., S. 168.

Michel de Montaigne, Nur keine Unruhe, ders., Essais, zit. in: Matthias Greffrath, Vom Schaukeln der Dinge. Montaignes Versuche, Berlin 1984, S. 65 f.

Wüstenväter, Dreifaches Lachen, in: Lebenshilfe aus der Wüste. Die alten Mönchsväter als Therapeuten. Ausgewählt und eingeleitet von Gertrude und Thomas Sartory, Herderbücherei Band 763, Freiburg i. Br. 1980, S. 136.

Anthony de Mello, Lauscht!, in: ders., Eine Minute Weisheit, a. a. O., S. 62.

Lars Gustafsson, Die Uhren, aus: ders., Eine Insel in der Gegend von Magora, in: ders., Die Kunst, den November zu überstehen und andere Geschichten, Carl Hanser Verlag, München – Wien 1988.

Wir danken allen Rechtsinhabern, die für diesen Band Abdruckgenehmigung erteilten. Trotz gründlicher Recherchen war es nicht in allen Fällen möglich, die Rechtsinhaber ausfindig zu machen.

Leben ist mehr

Thich Nhat Hanh
Zeiten der Achtsamkeit
Mit einer Einleitung hrsg. von Judith Bossert und Adelheid Meutes-Wilsing
Band 4492

In der Übung der Achtsamkeit liegt der Weg zum Wesentlichen. Die schönsten Texte
des bedeutenden Meditationsmeisters.

Leben ist mehr
Das Lebenswissen der Religionen und die Frage nach dem Sinn des Lebens
Hrsg. von Rudolf Walter
Mit einem Vorwort von Carl Friedrich von Weizsäcker
Band 4360

Überzeugende Menschen berichten von ihrer Lebensleidenschaft.

Anthony de Mello
Zeiten des Glücks
Herausgegeben von Anton Lichtenauer
Band 4330

Das Glück ist nicht zu „machen", aber Glücklich-Sein kann man üben.
Heitere, leichte und zugleich tiefe Texte eines großen spirituellen Lehrers.

Eugen Drewermann
Zeiten der Liebe
Herausgegeben und eingeleitet von Karin Walter
Band 4091

Eugen Drewermanns tiefe und poetische, die Unendlichkeit berührende Texte lassen
Wege entdecken zu einem Leben der Liebe.

Das Glück liegt auf der Hand
ABC der Lebensfreuden
Herausgegeben von Rudolf Walter
Band 4021

Über hundert kleine Dinge, die des Menschen Herz erfreuen. Frisch und pointiert
erzählt von bekannten Autorinnen und Autoren.

HERDER / SPEKTRUM